2021 年度河北省社会科学基金项目"互联网＋时代高校图书馆对学生学术素养的培养路径研究"（课题编号 HB21TQ006）

高校图书馆

管理服务创新研究

肖静 ◆ 著

郑州大学出版社

图书在版编目（CIP）数据

高校图书馆管理服务创新研究 / 肖静著 . -- 郑州 :郑州大学出版社, 2023.7(2024.6重印)

ISBN 978 - 7 - 5645 - 4050 - 0

I. ①高… II. ①肖… III. ①院校图书馆－图书馆管理－研究 IV. ①G258.6

中国国家版本馆 CIP 数据核字 (2023) 第 132799 号

高校图书馆管理服务创新研究

GAOXIAO TUSHUGUAN GUANLI FUWU CHUANGXIN YANJIU

策划编辑	宋妍妍	封面设计	毕秀林
责任编辑	宋妍妍	版式设计	毕秀林
责任校对	胥丽光	责任监制	李瑞卿

出版发行	郑州大学出版社	地　址	郑州市大学路40号(450052)
出版人	孙保营	网　址	http://www.zzup.cn
经　销	全国新华书店	发行电话	0371-66966070
印　刷	廊坊市印艺阁数字科技有限公司		
开　本	710 mm×1 010 mm　1/16		
印　张	10.25	字　数	185千字
版　次	2023 年 7月第 1 版	印　次	2024 年 6月第 2 次印刷

书　号	ISBN 978-7-5645-4050-0	定　价	56.00元

前 言

　　高校图书馆是高等学校的文献信息中心，是对教学和学科研究提供服务的学术性机构，同时也是学校及社会实现信息化的重要基地。图书馆的工作是学校教学和学科研究工作的重要组成部分之一。图书馆的水平不仅仅体现在它所拥有的藏书量，更重要的是其内部环境和管理水平，现今图书馆管理与服务水平日益显示出重要性。随着数字信息时代的发展，高校图书馆工作的开展面临着更多的机遇和挑战，信息技术的革新让学生获取信息资源有了更多方式，而不再局限于图书馆等实体场所。对于高校图书馆，要想在这种形势下实现良性发展，就要跟上时代的步伐，充分利用各种科技手段，探索新的管理和读者服务模式，借助信息化、网络化的优势，发挥高校图书馆的信息支撑功能，提高工作效率，获得读者的肯定。

　　基于此，本书从图书馆管理模式、人力资源、信息资源建设、服务创新等方面入手，对高校图书馆的管理服务进行创新研究，力求实现资源合理优化，树立良好的服务意识，打造服务面更广泛、功能更健全、场馆设施更人性化的图书馆，发挥高校图书馆的社会服务功能，提升图书馆的形象和地位。本书共分为六章。第一章是对当代高校图书馆管理创新的阐述，突出管理在高校图书馆发展过程中的重要性；第二章是对高校图书馆的人力资源管理的论述，重点从高校图书馆人力应具备的素质、创新途径展开叙述；第三章分析了图书馆数字信息资源的建设；第四章是高校图书馆服务微探，主要从智慧化学科服务发展与体系构建、高校图书馆的知识服务、高校数字图书馆特色服务等方面进行探讨；第五章是信息检索概述；第六章是高校图书馆信息素养教育研究，重点从信息素质教育服务、大数据时代信息素养教育创新模式和方法探索、大学生信息素养的培养等几个方面展开详细分析。

　　本书撰写过程中，作者秉持着科学性、实用性和创新性的原则对高校图书馆的管理与服务进行探索。由于作者学术水平和种种客观条件的限制，本书还存在一定不足，希望各位读者和专家能够提出宝贵意见，以待进一步修改，使之更加完善。

邯郸学院　肖静

2023年5月

目　录

第一章　当代高校图书馆管理创新

第一节　高校图书馆创新管理模式的思考

随着社会经济发展，人们对自身的精神文化也愈加重视，图书馆在学生文化生活中所占的位置愈加重要，也是校园教育的重要组成部分。所以，在新的时代，做好图书馆管理创新是十分有必要的。

一、图书馆创新的意义

（一）图书馆创新现状

随着社会经济的不断发展，图书馆面临着新的形势和挑战。在这种情况下，如何发挥图书馆的优势，创新管理机制，促进图书馆更好地发展进步，是一个十分重要的问题。就目前情况而言，我国的图书馆管理工作存在诸多问题，比如管理理念有待更新、管理机制有待健全、工作人员管理水平有待提高，等等。这导致读者的阅读体验欠佳，图书馆的服务不够人性化，使得图书馆馆藏的资源难以发挥出它应具备的使用价值，对图书馆的长远发展产生较为不利的影响。对此，我国图书馆应该在遵循图书馆管理要求的基础上，根据自身的实际情况创新图书馆管理模式，从而推动自身管理高水平、高质量发展。

（二）图书馆创新意义

为了更好地适应图书馆发展的需要，图书馆管理人员必须提高自身的专业素养和管理意识，积极推进图书馆创新改革。创新是图书馆生存和发展的内在需要，图书馆需要进行管理创新来适应新形势并实现改革发展。在知识经济时代，人们获取知识的途径更加多样化，因此图书馆必须创新管理理念，完善管理机制，提供更好的服务以满足人们的需求。

二、目前图书馆管理存在的主要问题

（一）管理体制不够科学

1. 领导任命制僵化

高校图书馆内部的管理体制通常是高度集中型的。受学校主导的管理体制的限制，图书馆干部的推选通常是通过任命制实施的，由学校领导任命馆长，馆长再任命各部门主任。然而，这种任命制存在一些弊端：一是任命过程缺乏监督，可能不是根据管理能力而是领导偏好进行的；二是人事任命过程强调领导与被领导的行政关系，而不是业务工作上的指导与被指导的关系；三是各职能部门在建议评审和决策过程中缺乏客观性。因此，这种传统的组织结构已经远远落后于新时代的变化，需要进行改革和创新。

2. 从业人员结构和数量配置不科学

当前高校图书馆的工作人员主要被安排于阅览室的流通和管理上，按工作性质可以分为技术性工作和非技术性工作两大类。但在实际人员安排中，许多具有专业能力的管理人员被分配到非技术性的工作岗位上，例如上架、整架、装磁条、借还书、维护馆内秩序等。而像采编、专业咨询等技术性岗位，却缺乏具体图书馆情报管理专业知识的人员。

3. 机构设置不科学

为了更好地收集、整理、管理馆藏文献资源，图书馆往往会进行内部部门的划分，比如设置流通部、阅览部、技术部、阅览室、办公室等细分部分。但不少高校图书馆在设置部门时没有考虑实际情况，只是单纯按照功能进行简单的划分，部门之间相互独立，整合力度不足。比如外借和阅览服务分开负责，流通部只提供借阅服务，阅览部则只允许阅览，使得整体服务分散、不成体系，难以提供符合读者应用需求的综合性服务。

（二）服务质量水平较低

1. 优质服务缺乏

在服务态度上，很多图书馆没有认识到自身的服务属性，没有形成正确的服务理念，使得一部分馆员缺乏服务意识，无法为读者提供称心的服务。

而且，有些高校图书馆只以本校师生为服务对象，没有向外界开放，无法为经济社会的发展提供所需的服务。再加上图书馆员与读者之间缺少信息沟通的渠道，双方无法实现高效的交流互动，馆员不能把更新的学科动态等信息和管理文献资源及时地传达给客户。同时，由于图书馆缺乏对图书借阅和资料下载情况的统计，对自身馆藏资源的借阅数据分析不到位，它不能充分了解用户的需求动向，更无法做到依据用户需要优化馆藏资源配置。综合来看，当前图书馆优质服务不足，服务水平有待提高。

2. 难以提供高质量的培训服务

由于图书馆信息资源数量多、管理难度较大，管理人员需要具备一定的专业性。所以，高校图书馆应该加强对馆员业务服务的培训，培养专业的学科资源管理服务人员，使其拥有更专业的能力为用户提供满足其需要的书目，并完成优质信息的查找。然而，目前大部分高校图书馆都不具备为员工提供专业培训服务的条件。

3. 硬件服务设置不合理

图书馆的硬件服务指的是提供给用户的各种设施和设备，例如座位、电脑、打印机、复印机等。如果这些硬件设施设置不合理，会影响用户的使用体验和效率。举例来说，一些图书馆可能座位过少，导致用户难以找到空余的座位，或者只能在拥挤的条件下学习；或是提供的电脑和网络设备过于老旧，无法满足用户对高速网络和高效设备的需求，导致使用效率低下；或是信息查询系统的功能不够完善，无法满足用户收集资源的多种需要。

（三）馆员素质整体不高

1. 文献资料采购人员自身素质局限

图书馆中文献资料的采购工作通常由馆内管理人员负责，他们更善于对图书进行管理，不具备对文献资料分析整理的专业能力，对于书籍的内容无法做到准确把握。再加上近几年信息技术快速发展，各类信息资源鱼目混珠，也为资源采购工作增加了困难。

2. 图书馆员心理健康问题日益突出

相较于高等教育的专业教师，图书馆员的工作时间更长、薪资更低，而且工作内容单调乏味，缺乏挑战性。随着工作压力的增加，馆员心理健康出现问题，他们对自己的职业现状持不满意的态度。

3. 馆员综合素质无法适应信息化发展的需求

图书管理是一门既需要专业性又需要综合性的学科，需要管理人员掌握计算机应用方面的相关知识。然而，目前大部分高校图书管理员的整体素质偏低，并且这些图书管理员大多学历较低，计算机及网络技术专业知识相对缺乏，很难适应图书馆工作，业务技能水平也相对较低。

（四）资源建设较为落后

1. 文献资源建设滞后

首先，文献资源数量庞大且种类庞杂，高校图书馆负责文献收集的工作人员有限，难以对信息资源进行全方位的收集与整理。其次，师生读者的信息需求更新速度较快，图书馆整理文献的速度难以满足师生读者变化的信息需求。最后，教育部对高校图书馆的人均拥有图书数量有一定的要求，而高校为了更好地完成指标要求，往往会进行阶段性的突击采购，只追求数量不注重质量，忽略了师生的实际需求。

2. 文献资源建设重复

首首先，不同高校图书馆会对同一数字资源进行购买，再加上市场上的信息资源具有趋同性，这导致一些新兴学科的文献资源缺乏，高校图书馆馆藏资源无法适应新的专业学科的需要。其次，随着图书馆建设的规模逐渐扩大，部分高校图书馆的总馆和分馆形成了不同的体系。虽然文献资料数量很多，但大多是复本，质量不高。最后，网络化的图书馆各自为政，形成独立的体系，资源重复建设浪费严重，图书馆馆藏体系建设应立足整体进行科学发展。

3. 资源建设重"藏"轻"用"

高校图书馆购置纸质文献资料，其目的在于为读者提供各类文献的使用价值。目前高校图书馆在购置文献方面花费了大量资金，但其利用率只有30%到40%。相比于西方大学图书馆，我国高校图书馆的图书利用率不高，这使得购置的资源失去了应有的价值。

4. 管理平台的自动化建设落后

首先，高校图书馆管理软件的普适性和成熟性不足，无法应对海量信息的存储和扩散。其次，虽然高校图书馆已经实现了自动化，但是数据库建设规模较小。最后，虽然图书馆之间采取了友好互利、资源共享的模式，但是缺乏统一的标准来建设资源共享平台。如果按传统的分类标准来整理资源，计算机搜索工具的开发则存在一定的困难。

5. 硬件设施无法满足读者需求

当前很多高校图书馆的硬件设施无法满足读者的需求。比如馆舍结构安排不合理，流通部、阅览区和电子资源室等设施的面积不够，阅览座位数量不足，计算机数量有限等问题。这使得读者在获取资料、学习和研究过程中受到限制，图书馆的服务质量和管理效率受到影响。对此，解决图书馆硬件设施中存在的缺陷是十分有必要的，应在满足读者的学术和研究需求的基础上妥善处理。

二、图书馆管理基本要求与内容

（一）图书馆管理基本要求

现代图书馆管理的基本要求包括：管理规范化、劳动组织合理化、工作人员专业化、业务工作计量化。其中，管理规范化指需要有完善的规章条例和业务标准。因此，实现管理规范化的两个重要内容是图书馆管理规章法定条例化和业务技术的标准化。合理的劳动组织是指在达到最佳工作效果的前提下，以节约人力、方便管理、减少层次、提高效率为原则，科学地划分工作范围和工序，并建立岗位责任制，让每一个部门和工作人员都承担起应负的责任，以实现图书馆的高效管理。工作人员专业化是指通过培养和提高工作人员的专业知识与技能，建立一支高素质、专业化的队伍，以更好地实现图书馆的管理目标。这需要工作人员具备图书馆学和信息学等基本知识，并能够向文献信息工作专业化的方向发展。业务工作计量化是指建立一套完善的统计制度，对图书馆的基本情况进行统计分析，为改进工作和提高服务质量提供科学有效的参考。其中统计数据可以为图书馆管理提供重要的信息和决策支持，所以在进行图书馆管理工作时，要注意对数据的收集和分析。

（二）图书馆管理内容

现代图书馆管理是一个包括决策、计划、组织、领导控制和协调在内的系统性过程。这些环节相互联系、互为条件，作用于整个管理过程，共同构成图书馆管理的特定内容，以实现图书馆工作的目标和任务。

1. 决策

在图书馆系统及其子系统的管理过程中，决策是一个不可或缺的重要环节。图书馆的系统决策包括多项内容，比如图书馆发展计划、政策和战略方面的决策，各项业务工作实施的决策，以及人事、财务和设备方面的决策（例如确定人员智力结构、人员更新和培训方式、奖惩制度制定、经费合理分配、设备和用品的选择等）。正确的决策对于图书馆的运营和服务质量具有重要的影响，因此需要谨慎考虑和制定。

2. 计划

图书馆的计划是指对图书馆事业发展的规划和安排。这些计划涵盖了多个方面，包括图书馆的发展目标、战略和政策，各项业务工作的具体任务和目标，资源配置和利用，服务改进等。图书馆的计划制定需要综合考虑资源、需求、社会环境等因素，确保计划的合理性和可行性，并与图书馆的整体目标和使命相一致。计划的制定和执行过程中，需要持续监测和评估，以便进行必要的调整和改进，从而推动图书馆事业的稳步发展。

3. 组织

组织是将各种资源有机地结合在一起，建立有效的管理职权关系的过程。通过组织工作，图书馆能够发挥其管理职能，实现管理目标，达成计划。组织工作需要进行科学的分工，并通过协作来实现各项任务。人力资源是组织工作的重要组成部分，需要合理设置工作岗位并配备适当的人员。因此，图书馆管理系统必须建立健全的组织机构，明确各个工作岗位的职责，确立各级人员之间的关系，以形成职责明确、权责配合的管理模式。

4. 领导

在图书馆管理中，领导工作是指影响和引导组织成员为实现组织目标而努力的过程。这包括激励、领导方式和方法、沟通等方面的问题。为建立合理的领导结构，图书馆应注意选拔具有主导型人才的领导者，强调领导者群体的智力结构，加强领导者之间的团结协作。此外，图书馆的领导者应当不断学习和掌握图书馆专业知识与管理知识，以完善自己的素质，增强自己的专家权威和个人影响力，从而正确地运用合法权利和奖励权利。

5. 控制

控制是按照预定计划和标准，对工作成果进行评估和调整的过程。通过控制管理人员，可以及时了解工作发展的趋势，并提供信息反馈，以便对工作进行改进。控制的重点不仅在于对现有工作成果的评价，更在于对工作过程进行调整和改进，使其朝着预定的方向前进。控制需要通过输入、中间转换、输出、反馈四个环节进行，而良好的信息反馈是实现有效控制的关键。在图书馆管理中，控制是确保各项工作按计划有序进行的必要手段。

6. 协调

图书馆的协调是指在图书馆内部和外部各个部门、资源、服务和活动之间进行有效的协调与合作。在图书馆运营中，协调是至关重要的，因为它有助于保证图书馆各项工作和服务的无缝衔接，高效运作，提供更好的读者体验和服务质量。在图书馆内部，协调涉及不同部门之间的合作与沟通。在外部。图书馆与外部合作伙伴的协调也是十分重要的，例如与出版社、数据库供应商、其他图书馆、学校或研究机构的合作。通过协调，图书馆能够更好地获取资源，拓展服务范围，并与其他组织共享信息和资源，促进图书馆事业的共同发展。总之，图书馆的协调需要有效的组织管理，这对于实现图书馆的使命和目标，提高服务水平，满足读者需求具有重要的意义。

第二节　高校图书馆管理信息理念的创新

一、信息服务理念的创新

信息服务理念的创新是指在信息社会背景下，重新思考和发展图书馆的服务理念和宗旨。这种创新是为了适应不断变化的信息需求和用户行为，以提供更贴近读者需求、更高效、更多样化的信息服务。对此高校图书馆可以在自动化作业目标的指导下，充分发挥信息和技术的强大优势，更新传统分工理念和管理方法，构建符合读者期望的信息服务管理机制。这种创新能够更好地提供高效的信息服务和适应迅速发展的信息需求，具体可以从两个方面入手，即开展外部信息服务管理机制创新和进行内部信息服务管理机制创新。通过这种方式，图书馆能够更灵活地应对新的挑战和机遇，并不断提升服务水平和读者体验。

（一）外部信息服务管理机制创新

外部信息服务管理机制创新涵盖以下方面：其一，建立外向型信息服务管理机制，注重与外部用户和机构的合作和沟通，以更好地满足他们的信息需求。其二，面向网络建立信息流集中管理、物质流分散管理机制，即重点关注信息传递的高效性和集中管理，同时在物质资源分散配置做到更加灵活。其三，与从事信息技术或网络技术的部门、企业或公司合作建立信息技术进步机制，以利用其专业知识和技术优势，推动图书馆信息服务的不断创新和升级。

1. 建立外向型信息服务管理机制

在网络信息技术的支持下，高校图书馆逐步由物质流管理向信息流管理转变，信息服务管理则由内向型向外向型转变。在此背景下，高校图书馆建立一个开放、灵活、用户导向的外向型信息服务管理机制，适应信息时代的发展需求，并为用户提供更优质的信息服务。具体而言，高校图书馆应积极了解用户的信息需求和服务期望，通过问卷调查、用户反馈等方式收集意见，以确保信息服务的定位与用户需求相匹配。并与其他高校图书馆、图书馆联盟、企业、出版社等建立合作伙伴关系，共享信息资源和服务，扩大信息服务的覆盖面和范围。建设在线服务平台，如图书馆网站、移动图书馆应用等，让用户可以随时随地获取信息服务，利用社交媒体平台与用户进行互动，发布图书馆服务信息、推送活动通知，增强与用户的交流和互动，根据用户反馈和数据结果定期对外向型信息服务管理机制进行优化和改进。高校图书馆需要以自动化技术为基础，积极参与研制信息服务相关法规和政策，探讨信息技术的建立和改进，拓展信息服务的范围，吸引更多用户并拓展用户类型。

2. 建立信息流集中管理、物质流分散管理机制

为了更好地管理杂乱无序的信息，理清有效获取信息的方式，高校图书馆可以选择建立信息流集中管理、物质流分散管理的机制。高校图书馆之间可以签订协议，明确合作意向，共建共享网络信息资源和数字化文献数据库，共同进行网络信息资源和数字化文献的数据加工和整合工作，确保信息流在系统中得到合理的分类、索引和标准化处理。还应该建设统一的检索接口，方便用户在各个高校图书馆之间进行信息检索和资源获取。对于印刷型图书、期刊、报纸等物质流信息资源，各个高校图书馆可以自行管理和负责，根据自身需求进行采购和收藏。

3. 建立信息技术进步机制

在信息技术快速发展的今天，高校图书馆的信息服务管理应该朝着科学化和系统化的发展道路迈进。具体而言，高校应该在先进的信息技术的支

持下，与技术过硬、专业较强的公司合作，共同研发高服务水平的软件系统，提升信息服务管理的质量与效率。还应该与相关部门、公司、企业以及社会组织达成合作机制，推动信息产品的生产和共享，共同推动信息技术进步。总之，建立信息技术进步机制可以使高校图书馆更好地适应不断变化的信息环境，使其为师生读者提供更加高效、多样化和优质的信息服务，进一步满足用户变化发展的信息需求。

（二）内部信息服务管理机制创新

图书馆内部信息服务管理机制创新应该从以下几方面入手：一，坚持用为户导向。将用户放在信息服务的中心，深入了解用户需求，以用户需求为导向来制定服务策略、提供信息资源。二，应用自动化技术。高校图书馆充分利用先进的自动化技术，优化图书馆的工作流程，提高信息服务的效率和质量。三，进行跨部门协作。建立部门之间的紧密协作机制，打破信息孤岛，实现信息资源的共享和整合，确保信息服务的一体化和无缝衔接。四，应用数据驱动决策。利用数据进行精细化分析和评估，做出科学的决策，优化信息资源的采购、分类和管理，提高资源利用效率。五，开展信息素养培训。培养图书馆员的信息素养和服务意识，提升其专业知识和能力，更好地满足用户的信息需求。六，创新服务模式。高校图书馆应探索新的服务模式，如个性化服务、移动图书馆等，以适应信息化时代用户需求的多样化和变化。通过这些创新措施，图书馆可以建立一个更加高效、灵活内部信息服务管理机制，为用户提供更优质、更多样化的信息服务，从而满足用户不断增长的信息需求。

1. 重组以自动化为中心的新业务模式

为了满足用户的需求，高校图书馆需要建立管理机制，以确定信息服务内容的范围和标准。同时，需要打破传统的线性业务流程，建立独立的、自成体系的计算机网络系统和控制机构，以便能够完成多种业务。另外，由于很多图书馆拥有丰富的文献馆藏，但利用率低，因此需要通过业务重组，开发和利用资源，来提高信息组织和利用的能力，并根据用户需求对多元化的信息资源进行合理组合和深层次加工，开展具有特色的业务工作，来构建有针对性的情报信息服务体系。

2. 建立以市场经济为导向的新业务模式

以市场经济为导向的信息服务模式具有主动性、多样性、开放性和动态性的特点，旨在为用户提供全方位、高质量的信息服务。在这种模式下，需要树立全新的市场观念，遵循市场规律，促进信息市场与经济效益相结合，建立新的业务模式。作为科研与市场之间的中介与桥梁，高校图书馆应加速科技成果的转化，促进产、学、研的接轨，从而实现更好的效益。

二、"广度"与"深度"并重

（一）拓展服务内涵与范围

公共图书馆需要面对读者多元化的发展需求，通过深化服务内涵和开展多样化服务来满足读者不断变化的需求。多样化的服务形式包括具有趣味性和公益性的活动，而延伸服务范围则指公共图书馆需要走向读者，通过建立流通站和自助图书馆等方式，在其他人群集中和偏远地区提供便利的借阅服务。这些创新性的服务方式不仅仅是固有的阵地服务的延伸，而是更加注重流动服务和便利服务。

为了提高高校图书馆服务的先进性和开放程度，图书馆工作人员需要贴近读者的生活圈，确保馆藏文献为读者实践提供永久性物质基础。同时，应利用网络科技优势提高服务效率和提供优质服务，建设以服务为主要概念的图书馆时代。

（二）打造品牌服务

图书馆服务创新不仅仅是内部的技术和方法更新，也包括让用户成为创新的参与者。理解和满足读者的文化需求与信息需求，可以降低服务风险，提高用户体验，满足用户需求，增强用户满意度。各地图书馆可以根据不同读者群体的需求和地域特点，创造具有地方特色的品牌服务，培育品牌文化，创新服务方式，提升服务品质。

三、"经济与文化"协调发展

（一）坚持科学发展

高校图书馆的发展必须遵循三个原则：与经济发展相适应、与科学教育文化同步发展，以及适应广大人民群众的阅读需求。服务读者是图书馆事业的终极目的，因此图书馆应本着以人为本的理念，以国家文化政策为指导方针，以经济水平为资金基础，使三者协同发展，促进经济与文化发展同步。科学服务观可以满足读者的需求，为读者带来幸福预期和愉悦的心情，并满足他们的潜在需求。

随着社会的不断前进和时间的流逝，读者的需求也在不断变化升级，对此高校图书馆需要坚持科学的发展理念，并不断对其进行创新和优化。只有将发展理念付诸实践，并通过实践反馈的信息对其进行完善，才能建设更受用户青睐、更具经济效益的图书馆。

（二）建设地方特色文化

高校图书馆除了提供图书资料的借阅服务外，还肩负着保存人类文化遗产、传承文明知识的重要职责。在这个全民阅读的时代，设立奖项，可以促进作者、出版社和图书馆之间的交流合作，推动优秀阅读材料的传播和阅读活动的示范，从而进一步激发社会各界参与全民阅读的热情，发挥高校图书馆在服务社会中的职能。

地方特色和国家文化的传承与发展，需要图书馆将理论与实践相融合，开展相关主题活动。具体可以运用诵读、阐释与评价优质图书相结合的方式，为读者提供有意义的阅读服务，让他们感受传统古典文化的魅力和古色古香的经典情怀。同时，推荐符合大众喜好、富有文化内涵与品位的现代书籍，让读者品味不同时代的文化价值。这类活动的开展，不仅可以加深读者对传统文化的理解和认识，还可以激发他们对现代文学作品的兴趣和热爱，从而推动文化交流和发展。

第三节 高校图书馆管理创新的方向和措施

管理创新是指高校图书馆管理者利用先进的、科学的方法来重新组合现有资源，以提升整体效益，从而为高校的科研和教学提供更为优质的服务。

一、管理理念创新的重要性

在信息技术和学术研究发展日新月异的今天，不断更新的管理理念能帮助高校图书馆及时适应快速变化的信息环境，提供更符合用户需求的个性化信息服务。通过引入创新的管理理念，高校图书馆能够优化资源配置、提高服务效率、满足用户的学术和研究需求，从而增强竞争力，提高服务质量，增加用户的满意度，有效促进高校图书馆的发展和进步，为高校图书馆提供新的思路和方向，使其能够更好地适应未来的挑战以及把握未来的机遇。

二、管理理念创新的原则

要实现管理思想的创新，管理者需要更新陈旧过时的管理理念，用新的实施手段替代传统的应用方式。为此，需要遵循一些原则来指导创新过程。

第一，系统性原则，将整个图书馆的运作视为一个相互关联、相互补充的有机整体。在管理过程中，我们要实现预设的目标，需要根据目标合理分配资源（包括人员、财务和物资）来保证整个图书馆系统的协调运行，从而最大化其效能，以达成预期目标。

第二，发展性原则。在高校图书馆管理创新中，坚持发展性原则是至关重要的。这意味着管理者在进行创新时，要考虑到未来的发展和长期效益，而不仅仅是眼前的问题。高校图书馆管理创新应该是一个不断进行的过程，管理要有前瞻性思维，预见未来可能出现的问题和挑战，避免盲目跟风或短视决策，持续改进和优化现有的管理方法，以适应不断变化的需求和环境。同时，管理者还应该鼓励员工参与创新，激发员工的创造力和积极性，构建积极向上的创新文化。此外，管理者还应该对现有资源的整合和合理利用，避免资源浪费，确保创新过程的可持续性。

第三，信息性原则。在高校图书馆管理创新中，坚持信息性原则也是非常重要的。信息性原则强调在管理创新中应该注重信息的获取、传递和应用，以提高决策的准确性和有效性。高校图书馆可以借助信息技术来提高管理效率和服务水平，应用智能化服务系统，进行数字化资源管理，以数据为基础进行管理创新，利用现代技术手段获取和分析数据，做出更明智的决策，优化资源配置和服务布局。通过坚持信息性原则，高校图书馆管理创新能够更好地利用信息化手段，提高工作效率和服务质量，满足用户的多样化需求，从而提升在信息时代的竞争力。

第四，效益性原则，是指图书馆在实施管理工作时，注重社会效益和经济效益的有机结合。过去，图书馆过于依赖等级，靠财政拨款、要资源配置的思想非常严重。然而，在市场经济快速发展的今天，社会效益和经济效益的统一是图书馆必须解决的问题，也是图书馆管理思想创新的最终目的。

第五，竞争性原则，在社会主义市场经济体制下，竞争体现在各个方面，优胜劣汰也同样适用于图书馆。竞争作为市场经济发展的必然产物，如果图书馆缺乏竞争意识，就难以在市场经济体制的环境下生存和发展。因此，在管理中，高校图书馆应该注重自身竞争力的提高，以适应市场环境的变化和发展。

三、高校图书馆战略的创新

高校图书馆越来越注重制定和规划战略。所谓战略，是指对机构未来方向制定的决策，其目的在于指导机构设定目标和实施方针，并建立实现机构使命的长期和短期目标。高校图书馆的战略管理旨在适应外部环境的变化，努力完成既定的战略目标，并为图书馆的长期稳定健康发展开展谋划和活动。

（一）重视高科技发展战略

在工业化阶段，高校图书馆主要通过传统服务方式来满足读者需求。图书馆的藏书规模成为衡量图书馆水平的重要标准，导致图书馆普遍重视藏书而忽视读者需求，强调收藏而轻视利用。而在知识经济时代，高校图书馆作为信息机构，面临着越来越激烈的竞争。随着信息技术革命和高新技术的发展，人们获取信息的途径和手段得到了极大的拓展，出现了更多的机构和信息咨询公司来满足读者的需求。互联网等网络为读者直接提供信息获取途径，也对传统的图书馆员角色提出了挑战。但是这些环境的变化也带来了机遇。高校图书馆应该审时度势，统揽全局，长远谋划，将高科技发展作为战略制定和规划的重要因素，积极应对未来的挑战。

（二）战略逻辑创新

战略逻辑指在设计战略时所采用的思维方式。高校图书馆管理者应具备创新的战略逻辑思维，能够根据外部变化和内部环境的特点，采用不同的逻辑来设计战略，满足不同读者的需求。管理者需要善于识别企业当前的战略逻辑，敢于挑战现有的假设，并仔细考虑企业未来发展的战略焦点。战略创新的目标是保持新的思维方式，以此设计全新的战略，使图书馆能够快速适应环境变化，并为读者提供符合其期望的高效服务。

（三）战略创新的原则

图书馆进行战略创新需要把握好先进性原则。高校图书馆作为服务性行业的一员，必须满足用户的信息需求，否则将很难在行业内立足。通过战略管理的实施，高校图书馆虽然在满足用户服务方面随着管理的进步有所提高，但在行业竞争的影响下，图书馆市场的平均水平也是会逐步提高的，所以图书馆在确立战略目标时，其战略目标必须包含高于平均水平的先进内容，才有可能在激烈的行业竞争中生存并继续发展。因此，先进性原则对高校图书馆的发展来说至关重要。

图书馆战略管理要成功，就需要遵循环境适应的原则，关注与外部环境的互动关系，适应和利用环境的变化。图书馆应该监测内外部环境的变化，找出优势和劣势、机会和威胁，制订战略计划。战略管理过程需要全过程管理，包括战略制定、实施、检查、评估，必须细致管理每个阶段才能取得成功。而且制订的战略计划要实施，否则就没有意义，这就需要实践来检验，如果没有实事求是的检查和评价，就不能发现问题，错误的战略管理有害无益，并且只有实施全过程管理才能取得预期效果。要想让制定的战略具有实践价值，还需要根据环境变化来进行规划。

整体优化原则，指的是图书馆立足于整体进行各部分的协调管理。图书馆战略管理要实现整体优化的原则，必须把图书馆视为一个不可分割的整体。这需要通过制定宗旨、目标、重点和策略来协调各部门、各单位的活动，以形成合力。此外，优化应该是积极的和能动的，不能简单地要求其他部门按照低水平进行调整，而应积极寻求资源的结构重组，以实现更高水平的整体优化。在优化过程中，还需要注意提高各部门之间的协同效应，以便充分发挥整体的力量，实现优化效果的最大化。

全员参与原则指的是图书馆战略管理过程中，不仅高层管理者需要参与决策，也需要中下层管理者和基层馆员的积极参与和支持。在制定战略目标时，需要充分考虑各层级的意见和建议，并在实施过程中得到全体馆员的理解和全力配合。全员参与可以为图书馆战略管理提供更全面的视角和更广泛的资源，增强战略实施的有效性和可持续性。

图书馆实施战略管理旨在实现其健康、稳定和可持续的发展，而其战略规划一般跨度在五年以上。为使图书馆战略实现行动化和可操作化，需要制订一系列中短期行动计划。然而，在实施过程中，外部环境的变化会对图书馆战略产生影响，因此必须不断跟踪和反馈，以确保其适应性。从这个角度来看，对当前图书馆战略管理的评估和控制是新一轮战略管理的开始。

四、高校图书馆组织机制的创新

图书馆创新体系中，组织创新扮演着重要的角色。传统图书馆的组织结构常呈金字塔形，上下级明显，缺乏灵活性，难以适应不断变化的技术和管理需求。然而，在网络信息技术的支持下，图书馆的组织形态呈现出动态的联盟模式，这为图书馆的组织行为增添了活力。同时，这种变革有助于有效地化解了分权与集权之间的矛盾，使组织结构变得更加扁平化、网络化和虚拟化。

图书馆在进行结构重组时需要遵循以下步骤：首先，按照当前图书馆的功能，进行合理的分工。其次，将功能相近、联系密切的部门进行合并，根据实际情况设立新部门，将部门进行更为精细化、专业化的分工。接着，妥善处理权限关系，构建人员交涉渠道。最后，根据高校图书馆的发展需要和为了环境变化，选定适合的组织结构来实施重组。

在信息技术和计算机网络快速发展的支持下，高校管理者和劳动者之间的知识共享得到了增强，高校图书馆形成了扁平化或矩阵式组织结构，以适应信息时代的需求。通过横向整合业务部门，纵向设立不同的项目组来提供信息服务。在纵横交错处的执行人员既与原有部门保持联系，又积极参与项目小组的工作。项目小组可以根据不同文献载体的工作流程特点设立长期性或临时型项目小组。这种矩阵式的组织结构具有较高的灵活性和协作性，能够使高校图书馆能够更好地协调和利用资源，实现高效的工作流程。

五、高校图书馆的文化创新

图书馆组织文化是在图书馆管理中应用组织文化理论的过程中形成的，是该组织的团队精神、行为准则和共同的价值观的集中体现。随着信息技术的快速发展，高校图书馆的运作模式受到了影响，图书馆的组织文化也随之不断变化调整。在这过程中，图书馆需要重新思考和塑造其组织文化，以适应不断变化的信息时代需求和挑战。

一方面，在网络技术环境下，图书馆应当建立合理、优秀的组织文化，其中团队文化是一个重要的内容。过去的图书馆组织文化受到传统金字塔结构的制约，导致领导权威至上，各职能部门相互独立、缺乏合作和团结精神。这种等级文化导致出现不灵活、不公平、缺乏创造力和士气低落等问题。因此，为了实现组织创新，图书馆需要向扁平化、柔性化方向发展，并重视团队文化的建设。这样，团队逐渐成为图书馆的组织基础，组织结构和组织文化的再造相辅相成，以保证图书馆各个层面的人员都能够身体力行。

另一方面，可以建立学习型组织。在现代企业中，学习型组织已经成为成功管理创新和提高竞争力的必要条件。如何有效地促进组织创新和打造成功的学习型组织已成为现代管理的两大主题之一。全球范围内的学习型组织热潮正在带动"学习型社会"的建立。

第四节　高校图书馆"以人为本"管理与服务的融合发展

在实施图书馆管理的过程中，坚持以人为本意味着将人置于管理的核心位置。该理念旨在满足人们各种信息需求，激发人的创造力，以帮助其实现个人价值的提升，从而提升图书馆的服务水平和影响力。这种管理理念不仅可以帮助图书馆更好地适应信息时代的需求，使其提供更贴近用户需求的服务，还能够激励图书馆馆员的积极性，推动图书馆在知识经济时代的持续发展。

一、实施以人为本管理的必要性

图书馆的管理旨在增加社会和经济效益，以拓展其功能并满足社会对其的需求。扩大图书馆的功能是其自身发展的直接目的，而满足社会不断变化的文献信息需求则是一个间接的面向社会的目标。因此，为了实现这些目标，图书馆必须改变其管理方式，并实施以人为本的管理理念。

首先，在图书馆的建筑布局方面，需要将读者和图书馆馆员放在首要位置，注重人文关怀，以便为读者提供更优质的服务，以及为馆员提供更为舒适的工作环境，让他们充分发挥自身的潜力和个性化的创新精神。其次，在信息时代，传统的图书馆"坐等读者""有求必应"的服务模式已经无法适应社会发展的需求。为了实现"一切为了读者，为了读者的一切，为了一切的读者"的宗旨，图书馆需要开展多层次、多元化的服务，努力调动读者的积极性，让他们依赖、热爱、支持图书馆事业。这样的服务模式不仅可以提高读者满意度，也可以激发馆员的主动性和创造力，让他们感受到自身存在的价值。再次，图书馆在网络时代必须拥有既懂现代化信息技术又懂图书馆专业知识的、具备信息素养的馆员，他们是自动化系统的建设者和维护者，承担着信息资源与用户之间的桥梁和纽带的角色。如果缺乏这样的人才，即使拥有现代化的设备，图书馆的服务质量也会受到影响，发展也会受到制约。最后，图书馆馆员同样有各种需求，馆长应该在工作、学习和生活等方面关心、照顾、帮助他们。这不仅能够充分体现领导者的素质，也能加强领导与馆员之间的沟通和交流，让馆员有所期待、有所思考、有所追求，激发馆员参与图书馆建设的热情，从而形成一股推动图书馆事业发展的强大力量。

图书馆人性化管理是以人为中心的管理方式，旨在为读者和图书馆馆员创造家庭般的氛围，并鼓励社会各界对图书馆事业的支持。这种管理方式能够发挥馆员的创造能力、现代信息技术应用能力和服务能力，促进图书馆事业的可持续发展。

二、实现以人为本管理的对策

（一）领导重视，提高认识

资金对于图书馆事业的发展至关重要，因此图书馆需要注重对外交流，树立良好形象，以赢得上级部门、领导和社会各界的支持，争取资金投入，改善图书馆的设施建设。同时，图书馆也应该注重馆员的品德、知识、能力和业绩，将其作为评价标准，并在业务培训上下功夫，让馆员在工作中有所施展，并注重管理激励，令馆员对自身事业充满希望。

（二）统筹规划，分步实施

图书馆工作是一个系统化的工程，需要坚持以人为本的理念，有计划地规划人力、物力和财力，使资源达到有效的利用。要协调管理主体、管理对象、管理中介之间的关系，将各个管理环节有机结合，为读者提供更好的服务。同时，需要协调好馆内正式组织和非正式组织之间的人际关系，消除或减少不良的非正式组织对正式组织的破坏性作用，营造良好的组织环境。实行全员管理聘用制，制定合适的选拔、培养、任用、调配和激励策略，增强馆员的责任感。

（三）加强学习，提高素质

当前在图书管理中，专业复合型人才紧缺，基于这种情况，图书馆馆员应该树立终身学习价值观，秉持持续学习的态度，学习新知识和新技能，不断完善自己，以适应快速变化的信息环境，为图书馆的发展和服务质量的提升做出更大的贡献。

（四）读者参与，民主管理

读者和图书馆馆员是图书馆事业发展的主要推动力量，同时也是图书馆管理坚持以人为本原则的实施对象。为了实现高效管理，图书馆馆员需要将图书馆规章制度作为行动准则，规范服务手段、服务行为和服务方式，提供无障碍服务，对待读者一视同仁，平和待人，激发读者主动利用图书馆的意愿和主体意识，通过不断的反馈和创新，处理好馆员与读者的平等、和谐、民主关系，共同维护图书馆的管理秩序。

图书馆能否产生良好的社会声誉和获得可持续发展，取决于是否能用以人为本的管理模式来提高服务的质量。馆员的技术开发、服务和创新能力是图书馆最宝贵的资产，可以带动图书馆的高质量发展。在互联网时代，图书馆需要放下包袱，打造具有创新能力、服务能力的馆员团队，充分发挥自身优势，提高服务质量，以在市场竞争中保持领先地位。

三、高校图书馆管理与服务能力提升的路径

"服务也需要管理"的理念是企业良好发展的重要理念，对高校图书馆管理和服务创新也是适用的。

（一）要持续完善服务规范和标准

如果把服务规范和标准视为图书馆管理的硬性指标，那么服务人员的职业素质和对客户体验的理解程度就是软性指标。虽然这些标准和规范只是服务的硬件部分，但它们对消费者的体验和感知至关重要。服务作为一个永恒的话题，没有终极标准。企业必须根据市场变化持续完善自己的服务规范和标准，以确保服务永远不会落后。高校图书馆也应该学习企业的管理理念，持续完善服务规范和标准，为教师和学生提供优质的管理和服务。

（二）不断提升职业素质，超越规范和标准的限制

电信企业通过激励措施来提高营销员工的职业素质和服务心理，这些方法有效地提升了企业在服务方面的软实力，涌现出更多深受客户好评的营销模范和标兵。然而，随着 IT 技术和互联网企业的不断发展，电信运营企业的服务面临新的挑战，需要以更开放、创新的管理方法不断提升服务的软实力。同样地，高校图书馆在管理和服务过程中，也需要持续提高图书馆管理和服务人员的整体素质，用心服务并高于图书馆规范和标准，实现自己的最佳水平。

（三）自觉扩大服务外延，重视延伸服务并力求落在实处

图书馆的延伸服务是指将业务拓展到馆外以多种形式、方式为用户提供的信息服务。它基于用户需求和阅读兴趣，通过创新服务方式和拓展服务形式，将传统的阅读和借阅服务延伸至数字化资源服务、学科导航服务、学

术活动和文化建设等领域，以提高用户阅读体验和满意度，为读者提供更加全面、便捷和个性化的服务。延伸服务不仅有助于满足用户的多样化需求，还可以促进图书馆的社会形象和品牌价值的提升，增强其在知识传播和文化推广方面的影响力和地位。对此，高校图书馆应该定期开展调查，分析用户反馈和借阅数据，深入了解用户需求和阅读兴趣，为延伸服务提供参考；建立学科导航服务，为读者提供更加精准和个性化的阅读推荐服务，帮助读者更快、更全面地了解学科领域的最新进展和研究成果；创新服务方式，如借阅服务、信息咨询、学科指导等，为读者提供更加个性化和全面的服务。

第二章 高校图书馆人力资源管理

第一节 高校图书馆人力资源管理的重要性

一、高校图书馆人力资源管理的内容

高校图书馆属于事业单位性质，其传统人事管理是政府机关人员管理和科研单位科技人员管理的融合。图书馆的传统人事管理是被动、孤立和静态的，只是图书馆众多一般性行政管理中的一项，其工作职责主要包括人员调度、考勤记录、绩效评价等执行性的工作。而图书馆人力资源管理相对于传统人事管理的职能，增加了人力资源的开发与规划、岗位设置、行为管理和职工继续教育等内容。因此，图书馆人力资源管理比传统人事管理更具有整体性、计划性、战略性和预测性。图书馆人力资源是图书馆全体职工智慧和能力的总和，劳动者的数量和质量是其主要表现形式。图书馆人力资源管理是指综合运用管理学、社会学和心理学等相关知识对图书馆人力资源整体规划、培训管理、选拔录用、考核激励等内容的计划、协调、组织和控制的过程，其目标是充分利用图书馆的人力资源，充分发掘每位员工的潜能，充分调动其积极性，以提高工作效率，努力实现图书馆的服务宗旨。

只有提高思想认识，树立"以人为本"的管理理念，加强图书馆员工的教育培训工作，以最大限度地充实人力资源队伍，提高图书馆员工整体素质，切实推行竞争上岗，落实激励机制，才能提升图书馆人力资源的建设与管理效力，并且充分发掘图书馆人力资源的突出优势。

二、高校图书馆人力资源管理的特点

（一）权威式的管理模式

传统的人事管理制度，主要是以人管事，在用人上以"事"为中心。上级领导直接干预人员配置，极少考虑能否充分发挥出人员的作用，侧重于解决眼前问题。即依靠行政命令与规章制度管理来发挥人事管理的作用，属于权威式的管理模式。主要表现在：图书馆的各级领导包括部门主任基本上是上级指派的，图书馆的编制也很难确定，随意性很大，无法做到定编定岗；部分图书馆领导在人力资源开发上缺乏长远的目光，受制于自身水平和能力，无法对发展需求做出准确研判，只是偏重于馆员短期技能的培训和提高；图书馆职工的职称评审和职务晋升没有完全依照人的能力，大部分还是"先入为主""论资排辈"，致使许多人，特别是新进高学历人才的积极性受到挫伤，失去了主动进取的精神；图书馆的用人岗位不合理，受制于人力资源的组成结构，可用人力有限，不少学历较高的工作人员从事流通、借阅等技术含量较低的工作，不能做到人尽其用，导致出现人员安排不当的情况；部分馆员的贡献与其所具有的人才价值相背离，没有发挥出其应有的主观能动性和聪明才智；图书馆在校内的整体形象得不到提高，一味强调职工的奉献，而福利待遇、地位都较低。

（二）预警式的管理模式

侧重于变革管理和人性管理的图书馆人力资源管理，在其运作过程中，重点放在人力资源的获取和使用上，其取向是战略性的，属预警式的管理模式。这种管理模式是将组织内的所有人力资源的获取、开发、保持和利用等方面做适当的计划、组织、指挥和控制的全过程管理。简单地说，就是对图书馆的人和事，以科学方法做出适当的调配，使人力的作用得到充分发挥，以促进图书馆事业的发展。高校图书馆在人事管理的过程中要以人为中心，从仅仅把人看成管理对象，转变到树立以人为本的人力资源管理理念。人力资源是图书馆拥有的资源中最具价值和战略性的资源。现代图书馆的竞争不是文献数量和设备数量的竞争，而是人才的竞争。因此，我们必须充分吸引、挖掘、培养图书馆的各类人才，合理组织、使用、激励拥有的人力资源，即"人与事配合，事得其人，人尽其才"。

三、加强高校图书馆人力资源管理的重要性

人是图书馆的主体，是图书馆服务的基本要素。但是，人是有思想的，不同的人有不同的内心世界和行为方式。因而，图书馆人力资源管理就显得特别重要。

高校图书馆的人力资源管理，目的是以激励机制、规章制度和管理者的行为方式，最大限度地调动每个员工的积极性、主动性和创造性，让图书馆的每个细胞都活起来，让员工能在图书馆中实现自身的价值，做到人尽其才，从而优质、高效地为高校的教学与科研工作服务。

（一）加强人力资源管理是高校图书馆适应时代发展的需要

当今社会已步入信息资源数字化时代，信息载体多元化，网络传递便捷化，信息服务多样化，服务方式个性化，高校师生对图书馆的信息资源需求愈发强烈，对图书馆现代化的信息服务也有了更多期待。我国高校图书馆硬件水平已普遍提高，信息资源也很丰富，高校图书馆正处于由传统图书馆向数字化、复合化图书馆过渡的关键时期。各种新兴技术被引进图书馆，许多新的业务工作亟待开展完善，这就对高校图书馆工作人员提出了更高的要求，要求他们不仅掌握图书馆学、情报学及计算机、网络等相关专业的知识，还需要具备数据库存储管理、信息收集整理、信息检索利用等多方面的能力。

新形势的来临使得高校图书馆人力资源的开发与管理已迫在眉睫。现实中，传统图书馆的诸多职能正在被数字化、网络化图书馆所取代，服务功能随之不断扩展。在高校图书馆现代化管理中，计算机技术、网络技术已得到广泛应用。但无论这些管理技术多么先进，功能多么完备，都必须由图书馆的工作人员来管理和操作，高校图书馆功能的实现关键还在于图书馆馆员整体素质和业务能力有较高的水准。但由于管理思想陈旧保守，再加上历史和现实的因素，大多数高校图书馆都不同程度地面临着两方面的问题：一是机构臃肿，大部分岗位高度稳定，冗员堆积，效率低下；二是学历层次高、知识结构合理、业务能力强的优秀人才在不断流失。

要适应时代发展变化需要，高校图书馆必须打破陈旧传统的管理思想，创新人力资源管理理念，改善人力资源结构，对图书馆人力资源进行有效、合理的开发配置，充分调动广大图书馆馆员的积极性，大力挖掘图书馆人力资源的潜力，留住图书馆事业发展所需的人才。因此，加强高校图书馆人力资源管理，是适应时代发展的客观需要。

（二）加强人力资源管理是高校图书馆业务发展和创新的需要

在数字化时代，高校图书馆的工作发生了巨大变化，尤其是在计算机、网络技术的支持下，迅速发展兴起了数字图书馆。由于数字资源检索、传递和使用的便捷性，其利用率远远超过传统文献信息资源，极大地改变了图书馆传统的工作方式、组织结构和管理模式。信息的收集、加工、整理、存储及传递都高度自动化、网络化和数字化。资源的数字化使得高校图书馆的业务流程和服务方式发生了根本改变，对图书馆馆员的素质要求和工作内容也产生了前所未有的挑战。随着图书馆服务功能和服务模式的转变，图书馆工作人员必须先掌握相应的技能和知识，克服信息鸿沟，才能为读者答疑解惑，提供服务。传统图书馆那种简单的借借还还的服务模式已被打破，为适应读者需求多样化、个性化特点，也要求作为信息导航者的高校图书馆馆员，其知识结构必须复合化，服务内容必须个性化。高校图书馆的服务对象主要是高校的广大师生，他们知识层次和文化素质都很高，尤其是给专家、教授、硕士、博士等提供服务时，文化素质低的图书馆员是根本无法胜任的。

在高校图书馆网络化、数字化的进程中，馆藏文献的数量已经不再是衡量高校图书馆服务能力和对教学科研支撑力的唯一标准，人们更加注重文献信息的组织、开发、导航与传递，并更多地根据读者的满意度和需求满足度以及为信息用户提供服务的能力来评价一个图书馆。高校图书馆馆员将承担起图书馆发展规划的参与者、网络信息资源的组织者及知识创新的传播者和创造者职能，其文化素质、专业水平和技术能力的高低将直接影响服务质量的优劣。

因此，高校图书馆必须改变管理思想，更新服务观念，加强人力资源管理，真正树立起人力资源管理在高校图书馆管理中的重要地位，开发和培养高素质的复合型人才，吸引和留住高素质人才，这是新时代高校图书馆业务发展和创新的必然要求。

（三）加强人力资源管理是高校图书馆增强核心竞争力的需要

随着网络技术、信息技术和数字化信息的飞速发展，社会上各种类型的信息服务机构应运而生，许多其他行业都看好知识资源产业巨大的市场前景，纷纷拓展其业务功能，涉足图书馆行业。传统图书馆原有的文献信息中心和传播文化知识中心的主体地位受到了巨大冲击，并产生了当今"无纸化社会""图书馆消亡论"等说法，高校图书馆生存和发展面临越来越多的严峻挑战。如谷歌号称要打造全世界规模最大的在线图书馆，试图让全球几个主要的大型图书馆实现数字化；百度文库也提供诸多领域的种类丰富的课件、考试题库、专业资料、论文报告、文学等知识资料的在线阅读和下载。时代在改变，阅读在转型，科技已真正实现了随时随地的阅读与下载，人们花费时间去图书馆查找知识信息的需求变得越来越小。一些数据库服务商已经索性撇开图书馆，将信息资源直接提供给用户，使用户对图书馆的需求进一步减弱。

在当今如此激烈的信息化竞争大潮中，人是高校图书馆核心竞争力的关键因素，是高校图书馆所有资源中的核心资源。高校图书馆必须通过人力资源获取竞争优势，因为人是提供更优质的、不断创新发展的知识服务的行为主体和力量源泉。一个充满活力、富有竞争力的高校图书馆，必须拥有由各种专业人才组成的知识团队，他们需要熟悉各学科发展的脉络与方向，善于利用自己的专业知识为不同类型的读者服务。而建立起这样的一支专业队伍，除了大力引进各类专业人才外，同时还需要有一套人才培养机制和留住人才的良好环境。这就要求高校图书馆对人力资源进行科学的开发和管理，打破以往的人事管理模式，进行人力资源管理的创新发展研究，组建合理分工、高效协作的信息服务团队，努力培育并提升图书馆自身的核心竞争力，形成错位发展、独具特色、长期有效的竞争优势，应对社会上各种竞争和挑战，实现高校图书馆的稳健发展。

(四) 加强人力资源管理是高校图书馆合理利用其他资源的需要

在高校图书馆，一切技术由人来掌握，一切设备由人来使用，一切服务由人来提供，做到让用户满意也是由人来实现的，图书馆的形象更是由人来塑造的。特别是在数字化时代，数字图书馆的建设与迅猛发展，现代信息技术、设备在图书馆中的应用，如果缺少相关专业技术人员的支持，信息资源的加工、整理与传递及设备的维护和正常有序运转就难以得到保障，数字图书馆就不可能正常运行。所以，高校图书馆只有对人的潜能进行深层次的开发，加强人力资源管理，促进人力资源和其他各项资源充分结合，才能最终达到对人、财、物等资源的综合有效利用。

(五) 加强人力资源管理是高校图书馆留住人才的需要

随着数字化信息时代的到来，高校图书馆对文献信息资源的管理已经从传统的以人工为主的管理手段转化到以计算机、网络等现代技术为主的管理方式上，作为知识和智力载体的高校图书馆馆员，是图书馆生存和发展的首要因素，高层次、高素质的优秀人才成为高校图书馆创新发展重要的支撑。

因此，如何留住人才、挖掘人才潜力是图书馆管理工作的重中之重。高校图书馆必须以人为中心，加强对图书馆工作人员的培训，使馆员增长知识、提高技能，激发馆员的创造力和潜能；为优秀人才提供成长和发展的空间，帮助优秀人才构建与图书馆发展目标一致的职业生涯规划，根据他们个人的能力、专长和知识结构，提供合适的工作岗位，让他们有与图书馆一起发展的机会，把他们的个人发展和图书馆的发展密切结合起来，让他们更大程度地实现自身价值，增强他们对图书馆的归属感和责任感，自觉地留在图书馆，为图书馆做贡献；加强交流与沟通，了解图书馆优秀人才的思想动态和相关信息，减少他们对图书馆管理上的不满，改进图书馆人才管理上的不足，重视馆员人际关系的改善，增强图书馆的凝聚力；加强激励管理，为优秀馆员提供及时的晋升机会，让他们参与管理，充分调动他们的积极性和创造性，发挥他们的聪明才智，使人才有成就感、认同感，让他们能以主人翁的姿态安心在图书馆工作。因此，高校图书馆加强人力资源管理，是留住图书馆发展所需人才的需要。

第二节 高校图书馆人力应具备的素质

一、高校图书馆人力资源具有强烈服务意识的必要性

高校图书馆人力资源的服务意识，是指高校图书馆馆员在服务读者的过程中所体现出的为读者提供热情、周到和主动服务的欲望和意识，是馆员自觉、主动地做好读者服务工作的一种观念和愿望。服务意识是高校图书馆工作的价值核心。

高校图书馆人力资源的服务意识来源于对读者服务工作的认识程度，存在于每个馆员的思想认识中。高校图书馆馆员如果拥有强烈的在图书馆工作岗位上展示个人才华、实现个人人生价值的观念，有以图书馆为家、热爱图书馆工作、甘于为读者工作等无私奉献的精神品格，那么就一定会有强烈的服务意识。

因此，只有广大馆员对高校图书馆的读者服务工作有了深刻的认识，才能增强服务意识，坚持把读者的事真正当作自己的事来办，不摆谱子、不看面子、不钻空子，以热情、周到的态度服务于读者。

当前高校图书馆服务意识还不够强，服务工作欠主动，服务面不广，服务深度也不够。由于高校图书馆传统的重藏轻用的馆藏观念根深蒂固，对书刊和对读者的管理也逐步成为高校图书馆日常管理工作的主要任务。在读者服务实践中，对馆藏信息资源的检索，通常由读者自己去摸索使用，严重缺乏以人为本的人性化服务。这样的读者服务工作已经远远滞后于时代发展的需要，根本不能满足读者对信息资源的需求。

在传统意义的高校图书馆中，馆藏、馆舍和馆员这三要素均以印刷品为中心，而在当今，高校图书馆正由传统图书馆向数字化图书馆转变，馆员的作用和地位也已发生了重大变化。如今的馆员需要成为信息导航员和信息专家，馆员的主导地位已确立，旧的服务模式逐步被打破，取而代之的是充分调动馆员积极性、主动性和创造性，充分发挥馆员的各种能动作用。这就要求高校图书馆人力资源进一步强化服务意识，把读者服务工作做得更细、更准、更透。

二、高校图书馆人力资源应具有的服务意识

（一）具有"以人为本"的服务意识

从根本上说，高校图书馆的工作是以满足人的知识信息的需求为使命的职业。所以，"人"应当是高校图书馆一切活动的出发点和归宿。在高校图书馆工作中，只有把"人"的因素摆在首要位置，确立"以人为本"的服务意识，并且把这一意识切实融入高校图书馆的实际工作，贯穿于高校图书馆管理的全过程，以读者为本，为读者服务，从读者的根本利益出发，满足读者的一切合理需求，才能更有效地发挥高校图书馆的职能，否则高校图书馆就会失去其存在的价值。

高校图书馆人力资源具有了"以人为本"的服务意识，一切工作都围绕着读者的需求展开，了解和掌握读者现实的及潜在的需求。了解读者、尊重读者、关心读者、理解读者、方便读者，以服务为向导，以读者满意为目标，健全服务体系，大力弘扬优质服务的敬业精神，搭建优良的信息服务平台，努力做到及时、准确、方便、灵活地为读者提供热情周到的服务，以更好、更优质地服务读者。

（二）具有主动服务的意识

高校图书馆要更新服务观念，强化主动服务意识。

第一，高校图书馆馆员要经常深入读者中间，主动征求读者意见，主动调查了解读者借阅的需求，了解读者的阅读倾向及兴趣、爱好，了解读者的心声，掌握读者的阅读心理，以便有针对性地向读者推荐图书文献，把读者服务从被动变为主动。

第二，主动热情地接待每一位读者，以亲切和蔼的态度服务读者，百问不厌地为读者解答疑问。

第三，开展主动服务，做好馆藏图书文献的宣传工作，让读者比较详细地了解馆藏，更好地利用馆藏。

第四，随着科学技术的迅猛发展，文献信息呈几何倍数递增，读者希望能在海量的信息中获得浓缩的、信息含量高的文献，这是传统图书馆的借阅服务和现代图书馆的开架借阅服务都无法满足的，因为这需要对馆藏的文献信息资源进行重新整理、开发和综合，是一种由传统的只为读者提供一次文献服务变为主动加工并提供二次文献的服务工作。只有做到了这样主动的读者服务，才有可能把高校图书馆的服务工作做得尽善尽美。

（三）具有深化服务的意识

当今社会已经进入数字化信息时代，读者服务工作已不单单是书刊的流通，而是一个多重层次的服务工作。高校读者对文献信息的需求，已逐步从过去的那种仅仅对简单的原始文献的借阅，变为需求内容丰富、经过筛选加工、能直接利用的知识信息。在这种新的形势下，高校图书馆应当树立深化服务的意识、了解深化服务的内涵，提高服务层次和水平，为广大读者充当信息导航员。因此，这就要求馆员必须开展馆藏文献信息资源的深加工服务，让读者能在尽可能短的时间内获得他们所需要的有价值的信息。如在高校推广学科化服务模式，开展多种形式的参考咨询、资源导航，为读者提供课题查新、定题检索和个性化的信息推送，进行学科发展态势分析及科研竞争力评价等深化的信息服务工作。

（四）具有开放服务的意识

在当今信息化时代，社会大众对知识和信息的渴求越来越热切，这就要求高校图书馆有面向社会的开放的服务意识，必须彻底改变甚至抛弃原有的小而全、自我满足、自我服务的闭门办馆的观念，树立起开放办馆的服务意识，从而为高校图书馆全面实现服务创新打下一个良好的思想观念基础。

高校图书馆应积极参与全国性、地区性、行业性图书馆以及公共图书馆和其他类型图书馆的联盟与协作，努力整合文献信息资源，开展馆际互借和文献传递，进行联合信息咨询，不断拓展馆际协作和共享的服务项目，充分发挥文献信息资源优势和馆员的专业优势，拓宽服务领域，积极开展面向社会读者的开放服务。

（五）具有平等服务的意识

高校图书馆在服务行为上，对待每一位读者都要一视同仁，不论性别、年龄、民族、地位以及受教育程度等的不同，都应当平等接待，都要积极主动地为他们提供自由、平等、温馨的服务。尤其是残障人士等特殊读者，高校图书馆要为他们提供尽可能多的便利。

（六）具有全方位服务的意识

随着时代的发展、社会的进步，高校图书馆已逐步摆脱了传统的藏书、借书的形象，图书馆的服务项目和服务功能已越来越多样化。因此，高校图书馆要强化全方位服务意识，利用先进的科学技术和手段，创建新的便利的服务渠道，开展多种层次、多种形式的读者服务工作，使高校图书馆成为高校为教学、科研服务的多功能中心。

在全方位服务意识的指引下，一方面，高校图书馆不但可以继续开展传统的纸质文献借阅服务，还可以为读者提供数字化信息资源和其他载体信息资源，极大地提高图书馆的服务效益和读者满意度；另一方面，还能够拓展工作思路，积极参与高校校园文化建设，通过推介、书评、导读、讲座等方式，积极采用现代化的新媒体技术，开展阅读推广和各种文化活动，弘扬大学精神和文化。同时，可以举办各种会议展览、音体娱乐、读者信息素质教育培训等服务工作，积极开展全方位的读者服务。

（七）具有为高校教学和科研服务的意识

高校图书馆是高校发展的"三大支柱"之一，担负着为高校教学、科研工作提供信息支持与信息保障的重要任务。高校图书馆的工作，在一定程度上能够起到促进或者制约高校教学、科研工作的作用。因此，高校图书馆必须强化为高校教学和科研服务的意识，加强建设，促进高校教学和科研的发展。

随着高校教学内容、教学方式和教学手段的不断更新，高校的教师和学生对高校图书馆的需求呈现出多层次、多渠道和多侧面的趋势，高校的教学和科研工作越来越离不开高校图书馆的文献信息服务。高校图书馆只有不断强化为教学、科研服务的意识，由衷地乐于为教学、科研提供优质服务，一切工作都始终围绕师生教学和科研这个中心来开展，才能不断挖掘各种潜力，逐步提高服务质量和服务水平，为高校的教学和科研提供切实有效的文献信息保障，这样才能真正促进高校的教学和科研工作不断迈上新台阶，取得新成绩。

总之，高校图书馆随着时代的发展，要转变传统、保守、消极的思想认识，转变高校图书馆工作仅仅是借借还还的落后观念，逐步形成与时俱进的具有强烈服务意识的新观念，积极发挥高校图书馆工作人员的积极性、主动性和创造性，变被动服务为主动服务，变封闭服务为开放服务，变单一服务为全方位服务，促进高校图书馆事业快速而健康地发展。

三、高校图书馆人力资源应具备的知识结构

（一）具有扎实的图书馆学情报学专业知识

图书馆学情报学专业知识是建立在图书馆学、情报学、信息学、文献学、目录学、分类学、图书史以及计算机科学等多学科的基本理论和基本知识基础之上的，具有较好的图书馆学情报学知识是高校图书馆馆员知识结构的核心，是高校图书馆馆员从事图书馆业务必须具备的知识基础，是高校图书馆馆员开展管理工作的重要前提，更是高校图书馆馆员完成工作任务的重要保证。

高校图书馆图书情报工作是一项业务性、学术性很强的工作。图书资料的采访、分类、编目（包括计算机编目）、储藏和流通、光盘检索、情报信息咨询等工作都有其特有的方法和规律，都离不开图书馆学情报学的专业知识，国内、国际联机检索系统的书目数据库也都仍然是以编目基本知识和基本技能为基础。因此，高校图书馆馆员必须具备图书情报学知识，通晓图书情报专业基础理论和基本工作方法与技能，了解该专业发展前沿的观点和理论，掌握图书管理工作的方法和技能，跟踪该专业的发展动向和脉络，转化吸收该专业领域各种新成果，熟悉本馆使用的分类法和分类体系，懂得各种工具书的使用方法，能熟练地使用各种检索工具，帮助读者快速高效地查找到所需文献，能熟练编制各种专题目录、索引、专题资料以及文摘等。只有这样，才能实现以传统印刷型文献信息资料为加工检索对象向现代数字化的文献信息资料为综合加工、管理、检索对象的转移，实现

从传统的线性结构顺序的文献信息组织管理模式向现代网状结构的直接的信息组织管理方式转移，实现从人工的分类标引向计算机的主题标引转移，并进一步学习、研究和掌握对网络信息资源进行分类检索的新标准和新技能，实现网络信息资源分类——主题标引一体化，从而为读者提供更加优质高效的文献信息服务。具体主要包括以下几个方面。

第一，图书采访人员要熟练掌握图书采访工作的基本理论和方法。图书采访工作是高校图书馆藏书建设的第一步。一个图书馆的藏书结构是否合理，能否满足服务对象的实际需求，图书采访是关键。图书采访工作的基本理论和方法包括：图书源的分析、研究；文献的采集、收集原则和标准；验收和登录的方法；预定记录和查重；图书入藏和剔除；基本统计和分析等。

第二，图书分类编目人员要熟练掌握分类编目工作的基本理论和方法。高校图书馆图书分类编目人员，在图书分类方面，要熟练掌握本馆所选择使用的分类法的分类体系和分类原则、各种类各学科图书的归类方法和特点、各级类目划分的标准及其在上下级层次上的逻辑关系、各种图书分类辅助表的使用方法以及分类标记的使用方法等；在图书编目方面，要熟练掌握中西文目录的著录规则及著录方法，分类目录、书名目录、著者目录和主题目录等图书馆常见的四大类型目录的组织排检和管理的方法等。此外，图书分类编目人员还要结合本馆的特点，对所使用的分类表中某些与本馆历史分类编目不适应的类目要酌情加以调整和增减，编制本馆统一使用的分类细则。

第三，负责图书典藏的人员要熟练掌握图书馆的典藏知识对于高校图书馆藏书体系的形成、藏书的特色等方面的知识，负责图书典藏的馆员必须掌控于心。在书刊文献资源急剧增长的今天，如何按照一定的科学规则，遵循一定的规律，保持图书馆图书收藏的动态平衡，同时要统计和计算各种不同学科图书文献的老化时间和半衰期，系统地、周期性地剔除一些过期的图书资料，这些都是图书馆馆员必须具备的知识。

第四，图书馆开放部门的工作人员要熟练掌握读者工作方面的基本理论和方法。读者工作方面的基本理论和方法主要是指图书期刊借阅、导读、检索、咨询、文献复制等方面的具体要求、原则和方法。高校图书馆要高效率地开展这些工作，馆员就必须全面、系统地掌握图书馆馆藏图书文献的现状、各类藏书的数量比例以及各种藏书的分布状况，同时要掌握各种有价值的专题资料的收集、整理，以及编译、报道的方法，还有书目、题录、索引、文摘的编制原理和检索方法等知识也都是应当要具备的。

(二) 掌握计算机和网络应用技术知识

目前，高校图书馆已是馆藏文献多元化、管理手段电子化、馆务内容信息化、资源共享网络化的现代化图书馆。在高校图书馆现有工作中，计算机和网络发挥的作用越来越大，各项管理工作都已转变到以计算机管理为核心的现代化自动管理中。

如今，高校图书馆在图书的采访、编目、典藏和借阅等方面的工作已经普遍实现了计算机管理，部分高校图书馆已开始将特色馆藏转化成数字文献提供到网上共享。图书馆网上阅读、网络数据库、知识导航、在线咨询、文献资源计算机网络检索以及电子阅览室等计算机网络化的工作已成为当今图书馆现有工作的重要内容。具有广博知识和能够熟练掌握计算机网络技术的图书馆馆员将会逐步取代传统的图书馆馆员，缺乏计算机网络技术知识的人将会寸步难行。

因此，现代高校图书馆馆员必须加强学习计算机、网络技术知识，掌握各种操作系统和应用软件的功能、结构及安装使用技术，能够熟练操作图书馆各种办公服务软件；能借助计算机、网络技术对电子信息资源进行收集、整理、加工、存储、传递及开发、应用；掌握有关专题联机检索数据库、光盘数据库和网络数据库的检索语言和结构；能够将电子出版商配送的原始编目数据顺利导入图书馆的联机目录中提供给读者检索查询；能够运用计算机网络远程登录来检索远程图书馆目录，如香港某大学图书馆已把联机目录建立成了图书馆资源门户网站，能够链接到目录所指的全文本或网络图画音像；能够利用计算机网络建立图书馆网上的目录体系和外部的虚拟图书馆进行链接，建设馆际合作平台，实现资源共享；尤其是图书馆专门负责计算机网络维护的人员，对计算机硬件的结构和计算机的操作方法、数据库的结构及网络化的技术知识都要精通，要有保证整个图书馆网络系统性能稳定运行的技能。所以，掌握计算机和网络知识与应用技能已成为图书馆馆员的必备素质。

(三) 具有一定水平的外语知识

外语是用来对外交流的工具，在信息全球化的环境下，外语水平不但直接影响对外文文献资料的利用，而且在相当程度上可以反映出一个图书馆网络信息资源开发利用的层次。目前，高校图书馆馆藏文献信息资源中，外文资料所占的比重越来越大，要有效地开发利用这些馆藏外文文献资料，图书馆馆员就必须具备相应的外语水平。现代图书情报的检索、标引、编译以及外文分类等工作业务都对外语提出了较高的要求。为了提高对外文资料的利用率，通过开展联机检索，从网上获取外文文献信息资源，高校图书馆馆员必须有娴熟的阅读外文资料的能力水平。因为只有掌握一定的外语知识、掌握了解外文文献信息的内容后，才能继而对该文献信息进行加工与输出，做到熟练查阅国外文献信息，及时了解各学科发展的最新动态，准确把握当今世界最新的科技前沿文献信息，收集整理与学校教学科研相关的国外情报、信息资料，并能很好地表达和传递信息内容，做好外文文献资料的编译服务工作，为读者提供更高层次、更有成效的高质量的信息参考咨询服务。同时，高校图书馆馆员在一定的外语知识水平支持下，才有能力在国际互联网上自如地与世界各地的人交流和传达信息，传播中华优秀传统文化，提升中国文化软实力，让世界各国人民更好地了解中国。

因此，外语是当今高校图书馆馆员知识结构中不可或缺的重要组成部分。高校图书馆馆员如果没有一定的外语水平，就难以进行流畅的人机对话和网上交流，很难开展对外交流活动，也很难满足读者不同层次的信息需求和为读者提供全面、准确的信息，为读者提供高质量的各种语言文献信息服务也就成了纸上谈兵。所以，高校图书馆馆员必须掌握一定的外语知识，特别是英语知识，这是时代发展对高校图书馆馆员提出的一项基本要求。

（四）掌握相关学科知识

随着现代科学技术的高速发展，许多学科日益交叉渗透，错综复杂，不断产生与走向成熟的新兴学科和边缘学科使得纯粹单一的学科已不存在。高校图书馆馆员单一的知识结构已越来越难以胜任多样化信息服务的需求，高校图书馆的信息服务人员在分析、研究某一个学科领域知识信息的同时，还必须有能力分析借鉴其他学科的技术发展成果信息，以便更全面、准确地掌握信息。

因此，为了更好地为读者提供优质服务，高校图书馆馆员要在精于所学专业知识技能的基础之上，还必须具有多学科的知识结构，不仅要掌握图书情报学专业知识，还要有广博的相关学科的知识。所以，高校图书馆馆员要尽可能有计划、有主次、有轻重地系统掌握一两门的专业知识，再广泛涉猎相关学科知识，积极主动地学习了解其他相关学科的知识和理论，做到对其他学科知识能触类旁通，不断拓宽知识面，丰富文化底蕴，形成"一专多能"复合型的知识结构。

高校图书馆是以其文献信息为读者服务的文化教育机构，而高校图书馆的文献信息资源都不同程度地涉及各种学科领域的知识内容。所以，高校图书馆馆员除了需要掌握图书学情报学专业知识外，还需要了解相关的学科知识和学科前沿知识，如历史、地理、政治、法律、经济以及各种新兴学科、交叉学科和边缘学科的知识等，以便能及时对文献信息资源进行有选择的检索、采集、整理、加工、组织和利用。馆员对相关学科知识有了一定的了解，可以更好地满足馆员各自的兴趣、爱好，能促进馆员加深对图书馆专业知识的理解和运用。一个馆员如果对文学、艺术方面的知识有较为深入的了解，他就自然会经常留意相关的书目、文献和知识信息，对该知识领域的学术动态也会有更为敏锐的反应，并且能积极主动地对相关文献信息资料进行收集、整理，甚至进一步研究，这就无形地促进了读者服务水平的提高。

在高校图书馆日常服务工作中，图书馆馆员有了"精"而"博"的多元化、复合型的知识结构，就能在工作中适应新形势的新要求，发挥和挖掘出自己的研究能力、创造能力，就能在原始文献信息的基础上，对文献信息资源进行深加工，开发出满足读者和用户需求的信息产品，实现文献信息资源的增值服务，从而对读者的信息服务工作做到高屋建瓴、得心应手、纵横驰骋，从容地面对读者和用户，满足读者对信息不同层次的需求。

另外，高校图书馆馆员对于其他相关学科专业知识的了解程度，必须实事求是，客观地做出要求，不能一律规定一定要达到专业水准，并且对馆员只应要求其对一门或两门相关学科专业的知识有个概括的了解或掌握即可。因为高校图书馆馆员的日常工作已很烦琐，要求馆员在业务上既精又深的同时掌握多门学科知识，让馆员都成为通才、全才，那是不切实际的。

第三节　高校图书馆人力资源管理的新途径

一、制定科学合理的人力资源规划

人力资源规划是一项系统的人力资源管理战略工程，是一项实现发展战略目标的重要工作。其内容主要包括人力资源战略发展规划、管理制度、职务编制、人员配置、管理费用预算、培训开发、岗位调整和人员晋升等计划的制订，基本涵盖人力资源管理的各项工作。

人力资源规划的制定，在考虑实现组织目标的同时，也必须考虑满足员工个人的需要（其中包括物质需求和精神需求）。只有在组织的人力资源管理有了明确规划的情况下，员工才可预知组织发展对自己可满足的东西和满足的水平，这样才能有效地激发员工持久的积极性，从而为实现组织目标而努力工作。所以，人力资源规划是组织战略目标实现的重要保证。高校图书馆管理者应当结合高校图书馆发展的战略目标，针对高校图书馆人力资源结构现状，认真细致地分析测评高校图书馆各部门、各岗位工作的性质和工作量，制定高校图书馆人力资源发展规划，明确制度和各项具体政策措施，保障规划中馆员招聘、培训、任用、激励和考核等工作的贯彻实施，发现人才，培养人才。

二、优化图书馆人力资源配置

高校图书馆优化人才资源配置就是要根据馆员知识结构、专长特点等，制订良好的人才配置方案，对图书馆的岗位人员进行合理的分工安排，做到人岗匹配、人事相宜，能够适时、适才、适量、适质地配置和使用人才，达到合理利用和增进效益的目的。

（一）高校图书馆人力资源优化配置原则

高校图书馆人力资源管理要做到人尽其才、才尽其用以及人事相宜，最大限度地发挥人力资源的作用。优化高校图书馆人力资源的配置，应遵循如下原则。

1. 整体配置原则

要优化图书馆馆员的配置，必须考虑馆内的情况，并从整体和大局的角度出发进行配置。这意味着需要打破原有的人事管理体系，确保整体配置的优势互补，避免不必要的岗位重置和人员浪费。同时，要充分发挥每个人的特点和优势，形成一个完整的人力资源有机体系，以最大限度地发挥图书馆的管理职能和员工的主观能动性。

2. 读者需求原则

以读者的信息需求为依据来配置图书馆员是任何情况下图书馆人力资源配置的基本原则。合理的图书馆馆员配置应当直接考虑读者的数量、阅读水平以及对信息资源的需求，以满足读者的需求为出发点和最终目标。

3. 因地制宜原则

为了实现图书馆馆员的合理配置，需要考虑符合图书馆实际人员结构的要求，即因地制宜。这意味着需要按照图书馆员的不同层次进行重组、融合和调整布局，以达到人员合理配置的目的。

4. 动态发展原则

图书馆馆员结构配置是一个动态的渐进过程，虽然有其相对的稳定性，但总的趋势是变化的。而且，学科是动态的，图书馆馆员配置要随着学科和图书馆事业的发展进行相应的调整，使图书馆馆员配置满足图书馆事业发展的需要。

（二）图书馆人力资源配置策略

1. 优化图书馆领导班子配置

为了实现图书馆的良性发展，图书馆领导者需要具备高水平的学识和决策管理能力，以及民主、严谨的工作作风。此外，图书馆还需要加强对人力资源优化配置和整体规划的制定，并全面推行全员聘任制，以彻底改变图书馆长期以来被视为人员过渡站和安置办的不良局面。

2. 合理设置岗位，优化人员配置

为了实现合理的人员配置，图书馆可以成立由领导、业务骨干、外请专家等组成的智囊团，进行调查研究并搜集岗位职能方面的信息，如工作流程、工作强度、技能需求、工作量等，并进行深入分析。在此基础上，通过比较岗位的性质和专业技术性等因素，更新划分职能业务部门，确定不同级别岗位的数量，并建立合理的岗位结构，明确各级岗位的职责和任职要求，以实现合理配置人员的目标。

3. 加强对馆员的培训和继续教育

在科学技术高度发展的今天，馆员不仅要适应传统意义上的图书情报工作，还要能够胜任一切基于网络知识信息的服务。因此，图书馆领导要根据工作性质、岗位特点、人员性格、专业和特长等，帮助和指导馆员设计职业发展规划，并积极争取和创造条件，为馆员提供培训、继续教育的机会，通过脱产、进修、函授教育和在职培训等多种形式，帮助馆员不断更新知识和技能，完善知识结构，提高学识水平。这不仅有助于馆员自身的发展，更重要的是关系图书馆人力资源的优化配置以及工作效率和服务质量的提升。

（三）优化高校图书馆人力资源配置机制

1. 实行资格准入制度

实行高校图书馆从业人员资格认证制度，是强化高校图书馆专业队伍、提升馆员整体素质的有效手段。图书馆馆员的职业资格认证制度在国外早已产生，许多国家的图书馆法规定了图书馆从业人员必须先经过相关培训，获得相应的资质后才能从事图书馆的相关工作。

高校图书馆是一个集多学科为一体的知识集合体，不仅需要图书馆学情报学的专业人才，还需要有其他相关学科背景和专业的人员，这样才能更好地为学校的学科和专业建设类教学科研服务。然而，由于目前我国高校图书馆对其从业人员的要求低，一般不需要什么资质，高校图书馆馆员的学历层次普遍偏低，知识结构不合理，严重影响高校图书馆事业的发展。因此，高校图书馆应当实行资格准入制度，制定合理的选人、用人和招聘制度，合理配置其所需要的各种学科和专业人才，提升馆员整体素质，优化高校图书馆的人力资源配置。

2. 实行岗位分类管理

近年来，随着信息技术的发展，高校图书馆业务类型也在不断地丰富并发生变化。高校师生多元专深的信息服务需求，学科服务、嵌入式课程、学科态势分析、科研数据管理等业务内容应运而生。这些新兴的工作内容对图书馆馆员提出了更高的要求，同时也给他们提供了更多自身发展的平台。

根据这种情况，结合近年来诸多高校开展的教师岗位分类管理的人力资源管理改革实践经验，高校图书馆应该对内部岗位进行整合、重组与分类，探索并创新馆员分类管理的人力资源管理模式。只有对人才进行科学的分类，才能提高人才培养的有效性，有针对性地激励人才和挖掘人才的潜力。

按照分类管理的模式，高校图书馆应对专业工作岗位进行精确分类，按需设岗，因岗聘人。比如，设立采编岗、咨询岗、学科服务岗、技术岗、管理岗等，结合馆员学历、专业、性别、年龄等因素，科学调整人员配比，引导馆员选择与自己职业期待相匹配的工作岗位，最大限度地发挥自己的潜能。同时，强化岗位职责，重视岗位评价与考核。基于此实行的馆员分类管理模式，有助于"人尽其才"，使馆员潜能得到最大限度发挥，促进馆员合理规划职业生涯，拓宽职业发展方向，提高职业认同感和归属感。

3. 应合理使用组配

馆员的有效使用组配，主要是指对高校图书馆新进馆员的安置、老馆员的升降、余缺馆员的调配等。如何有效分配馆员的工作，如何安排馆员的岗位，决定着馆员能否积极为高校图书馆做出贡献，更决定着馆员能否从工作中获得满足感继而实现自我价值。

因此，为有效使用组配馆员，在安排馆员的岗位时应遵循因岗配人、用人所长、避人所短、优化组合、适当流动的原则，根据实际情况调整现有人才队伍的年龄结构、学历结构、专业知识结构，对馆内各种类型、不同层次的人才进行优化组合，促进高校图书馆内人员形成专业互补、知识互补、技能互补的状态，通过互补增值效应，提高图书馆的整体功能。同时，也要按照馆员的性别、年龄和性格特征等进行合理组配。这样既有利于高校图书馆内部形成和谐的人员组配，又能调动和提高馆员的积极性，提高馆员的工作效率。

4. 适时调整流动

高校图书馆馆员的岗位调整流动也是高校图书馆人力资源配置机制的一个重要部分。目前很多高校图书馆，馆员的岗位分工大多是岗位终身制。这种固定化的岗位分工，虽然有利于高校图书馆工作的稳定和馆员对工作业务的熟悉，但是也不同程度地挫伤了馆员尤其是年轻馆员的积极性。所以，馆员合理、适时地流动，有利于高校图书馆复合型人才的培养，使馆员的工作经验丰富化，为人才的成长营造了良好的体制环境，能把每个人都调整到合适的岗位上，使他们的才能得以充分发挥，促进高校图书馆发展目标的达成。

三、建立人力资源培训机制

由于缺乏馆员培训理念和培训制度的保障，高校图书馆的培训没有制订一套与图书馆发展目标相适应的人力资源培训计划、培训评估与考核机制，使培训流于形式。图书馆有限的培训经费也没用到实处，培训质量得不到保障。因此，要尽快建立图书馆人力资源培训机制。

（一）制订培训计划

高校图书馆应当综合考虑图书馆长远发展目标和现实需要，经过科学地预测未来发展对人才的需求，制订人力资源开发培训的中长期计划和年度计划。高校图书馆人力资源的开发培训计划必须有一定的针对性、战略性、前瞻性、层次性和长期性，最终达到良好的激励效果。

（二）确定培训内容

培训内容要有计划、有重点、分层次地安排。高校图书馆人力资源开发培训的内容涉及面广，除了需要培训各种高校图书馆事业发展所需的专业人才以外，更多的是需要造就高校图书馆复合型人才，使广大馆员具有广阔的知识面、过硬的能力和技术，以及现代图书馆的服务技能。因此，培训内容的安排，要坚持政策教育与业务教育相结合、基础教育与专业教育相结合、知识教育与技能教育相结合，既要注重传授知识、培养技能，更要注重提高能力。

高校图书馆人力资源开发培训，必须根据培训对象所处的不同知识层次和需要，制订不同的培训计划和策略。如果把不同层次和需求的馆员集中在一起培训，那些专业性、业务性和针对性较强的培训，就会导致顾此失彼。结果就是：有的人可能会觉得课程的精深度不够，对知识的了解还不够透彻；而有的人就会觉得比较难以听懂，甚至对其中很多的知识还一窍不通。这样，培训也就没有实效。

高校图书馆人力资源开发培训内容的重点，应该放在提升馆员专业技能上，尤其是网络信息技术和文献信息服务水平上。同时，还要加强馆员的职业道德、团队意识、图书馆精神文化等方面的教育培训。

（三）制定合理的培训规划

首先，根据图书馆未来发展目标以及人力资源状况和财力资源的具体特点，制定馆员的培训规划和职业生涯规划。其次，确定培训区域、培训领域和培训对象，尽快制订一个统一的、合理的培训管理计划，提高馆员队伍素质，不断提升图书馆发展的动力。

（四）建立可行的培训制度

建立培训制度是人力资源培训的保障。图书馆应尝试建立以下几种培训制度：培训服务制度、入职培训制度、培训激励制度、培训考核评估制度和培训奖惩制度等。

图书馆人力资源培训的成功有赖于培训制度的科学指导与规范，而培训制度的内容必须服从或服务于图书馆的整体发展目标。

（五）培训与晋升相挂钩

高校图书馆应当制定关于参加培训与各种形式的晋升相挂钩的制度，规定想晋升到更高等级，必须通过相应的培训。这样，馆员能够获得机会接受某种等级的培训，并能通过相应的测评考核，就意味着有向上提升、向更高职级发展的可能。这实际就形成一种引导和暗示，从而能更好地激励馆员。

这就要求高校图书馆加强对优秀馆员的培训，优先选择培训那些对高校图书馆事业做出过突出贡献的优秀馆员。对这些优秀馆员的强化培训，也就抓住了高校图书馆发展的核心力量。他们的积极性、主动性和创造性得到调动后，就能很好地激励和带动其他馆员。

（六）丰富高校图书馆人力资源培训种类

1. 入职培训

对进入高校图书馆的新员工进行入馆教育，引导他们掌握必备的业务知识和专业技能，培养他们对图书馆的事业心和责任感。

2. 基本技能培训

主要指为了满足数字信息时代高校图书馆读者和用户的信息需求，为馆员提供相关知识和技能课程的培训，一般主要有计算机基础操作知识与技能、网络基础知识、数据库管理与应用、网络信息检索工具的生成、网络环境下的信息收集与处理、网络信息的利用以及专业外语等方面的培训。

3. 业务职能培训

对于有意愿在高校图书馆事业中从普通馆员成长为一名管理者的馆员来讲，高校图书馆应适时为其提供相应的管理方面的培训，让他们学习一定的管理理论知识，帮助他们提高解决和处理实际问题的能力，例如，如何正确处理上下级间的矛盾与冲突，如何设立有效的激励机制激励馆员，如何分配高校图书馆中的各项资源等。

4. 学历教育培训

鼓励馆员参加各种类型的成人教育培训，鼓励馆员获取更高学历，提高馆员的学历层次。对于已经具备一定学历者，可以让他们按需选修相关课程，改变原先单一的知识结构。

5. 创新高校图书馆人力资源培训方式

高校图书馆应结合馆员的学科专业背景、所在岗位职能以及个人学习意愿，有计划分期分批地为馆员提供各种培训和深造的机会，鼓励和组织馆员参加各种类别的中、短期的图书馆专业知识方面的培训班，促使馆员及时增长和更新自己的知识，进一步提高专业理论水平，增强实际工作能力；安排和鼓励馆员参加不同级别和类型的学术研讨会、学术报告会、科技文化知识讲座等，以增长馆员的知识，开阔馆员的视野。有条件的高校图书馆还可以组织馆员到全国发达地区乃至国外进行实地参观、考察、交流、学习，在更高、更开阔的层面了解当今高校图书馆的发展态势，增强馆员对高校图书馆发展的感性认识，学习同行新的管理和服务理念、管理方法，借鉴先进经验，明确努力方向，提高高校图书馆的服务水平。

四、建立人力资源激励机制

（一）建立"以人为本"的激励机制

高校图书馆要建立"以人为本"的激励机制，应该做到以下几点：一是尊重馆员的民主权利，把馆员视为高校图书馆的主人翁；二是采取有效措施实行民主管理，使馆员能够实际参与高校图书馆建设发展的谋划之中；三是关心馆员的切身利益和需求；四是将高校图书馆的发展目标与馆员个人发展目标相结合。

建立"以人为本"的激励机制，要真正做到尊重人、关心人。高校图书馆应当通过对不同类型馆员的分析，将他们不同层次、不同阶段的需求归类、整理，全面地掌握馆员的需求状况。在此基础上，广泛地征求馆员意见，集思广益，实行民主管理，充分实现馆员的民主参与，建立起大多数馆员认可、公平合理、科学透明、切实可行的激励机制。这样，就能让馆员感觉到图书馆的兴衰成败和自己的前途命运息息相关，从而自觉、自愿地展现自己的才能，充分发挥自己的最大潜能。

（二）实行差别激励

每个馆员的性格、思想、心理、学识、教养和道德水准等各不相同，馆员激励机制的建立也要重视馆员的个性差异，区别对待。高校图书馆在制定激励机制时，一定要考虑到馆员之间的个体差异，针对馆员的不同需求，采取多样化、差异化的激励措施，这样才能收到最佳的激励效果。

1. 荣誉激励

高校图书馆可以采取一系列的荣誉激励措施，满足馆员自我实现的需要，激发馆员的工作热情。如开展评选服务标兵、优秀馆员各种创新奖、贡献奖等，并及时公开嘉奖和表彰。

高校图书馆对在平常工作中做出突出贡献的馆员给予荣誉激励，其作用表现在两个方面：一是可以鞭策荣誉获得者继续保持和发扬成绩；二是好的榜样是其他馆员学习的楷模，会产生较好的激励效果。另外，对于一些工作上不求进步的馆员，管理者也要善于发现他们的长处和优点，要随时注意捕捉他们身上的闪光点，哪怕有点滴的起色和进步，都应当及时给予肯定和鼓励，促使他们能从自身微小的进步中体验到成功带来的尊重与喜悦，这样会更有助于高校图书馆的管理者与馆员彼此之间情感上的沟通和工作中的协调。

2. 成就激励

高校图书馆应赋予每个馆员一定的任务，明确馆员个人责任和工作目标，使每一个工作岗位都有明确、的具体的责任，让每一个馆员都能认识到自己是该岗位不可缺少的一员，高校图书馆所取得的每一项工作成就中都有着自己的一份贡献。这样，就能够让馆员产生一种自我价值得到实现的成就感，促使馆员为早日实现自己所期待的成就而积极努力地工作。

由于高校图书馆业务面广，各部门和岗位繁忙程度不一，承受的压力也不尽相同，所以，高校图书馆首先要构建一个公平、公正、透明的业绩比较平台，能够让馆员有正确的概率估计和预测，使馆员对业绩优势体验产生一个比较明确的期望，以激发馆员的成就感。最后，按劳动量、按业绩、按创造性进行合理的分配，奖勤罚懒，打破平均主义分配传统，使优秀馆员产生优势成功体验，从而获得成就感。

3. 目标激励

高校图书馆要根据各部门、各岗位的具体情况，结合自身的发展战略，设置一定的工作目标，并且要促使馆员把个人的发展目标与工作动机与图书馆发展的总体目标有机地结合起来，以充分调动馆员工作的积极性，努力为实现高校图书馆的发展做贡献。

4. 参与激励

高校图书馆管理与公司、企业不同，高校图书馆隶属于由国家财政拨款的高校事业单位，更偏重于社会效益，对馆员来说缺少经济利益方面的有效驱动，这使得高校图书馆馆员缺少强烈的生存危机感。

所以，面对当今激烈的社会竞争，高校图书馆只有通过民主管理，鼓励馆员参与高校图书馆的决策和管理，激发馆员的参与意识，调动馆员的工作激情，积极为高校图书馆的发展献计献策。

馆员参与高校图书馆的管理，形式有多种，可通过建立馆员代表大会制度、干群对话制度、民主议事制度等形式，让广大馆员参与高校图书馆的民主决策和管理。平等、尊重和信任是民主管理的基石。高校图书馆通过馆员的民主参与，认真听馆员的心声，充分地信任和尊重馆员代表及全体馆员，让馆员能共享高校图书馆的发展信息，使馆员充分了解高校图书馆的发展方向和目标，以便更好地确立馆员个人的奋斗目标。

通过馆员的广泛参与，高校图书馆管理者与馆员之间以及馆员与馆员之间形成一种理解、尊重、信任、和谐、融洽的气氛，让馆员对高校图书馆产生认同感、归属感和主人翁的责任感，能够进一步满足馆员受尊重及自我实现的需要，激发出馆员的活力，逐渐强化高校图书馆的团队精神和力量，从而使高校图书馆走上良性发展的轨道。

5. 工作激励

高校图书馆安排馆员的工作岗位，应当按照人事相宜的原则来进行。如果馆员实际工作能力远低于工作岗位对能力的要求，小材大用。一方面，会造成赋予的工作任务无法完成，给高校图书馆带来损失；另一方面，由于馆员工作能力差，不论其怎么努力都无法完成工作任务，这样，其就会灰心丧气，对自己失去信心，不愿再做新的尝试，甚至会从此一蹶不振。这样的工作安排，不但对馆员起不到激励的作用，反而会起相反的作用，不利于高校图书馆目标的实现。

如果高校图书馆安排的工作岗位对能力的要求低于馆员的实际工作能力，即馆员的工作能力高于工作的要求，存在大材小用现象，虽然岗位工作任务能保证完成，但馆员的潜能没有发挥的机会。随着时间的推移，他就有可能对工作逐渐失去兴趣、失去了工作积极性，对高校图书馆也会越来越不满意，最终就会导致工作效率低下。

每个馆员的能力有大有小，都会有自己的爱好和特长，也都会希望在高校图书馆中最大限度地发挥自己的聪明才智。而高校图书馆各项任务的完成往往也需要具有不同能力、不同专业特长的人来承担。高校图书馆管理者安排工作时，应根据工作性质的要求和馆员的个人能力和特长，把工作与馆员的能力有机地结合起来。这样的工作安排，不仅能使高校图书馆的任务很好地完成，同时还可以满足馆员自我实现的需要，极大地激发和调动馆员工作的积极性，实现人尽其才。

6. 薪酬激励

高校图书馆在制定薪酬激励战略时，必须首先考虑高校图书馆外部的社会竞争性，即必须以相同行业、相同职位的工资水平为基准，对于社会紧缺型高端专业人才，只有以高于市场的工资价位才能将他们吸引进来，并最终留住这些人才。

薪酬激励还必须考虑到高校图书馆内部的一致性，即必须有科学的工作性质与工作量的分析，以及相对合理的职位价值评价。要先对高校图书馆内部各个岗位所要求的知识、技能与职责等因素的价值进行评估。然后根据评估报告，将所有岗位划归不同的薪酬等级，每一个薪酬等级都包含若干综合价值相似或相近的一组岗位。根据市场上同类型岗位的薪酬水平来确定每个薪酬等级的工资率，并同时在此基础上为每个薪酬等级设置一定的薪酬范围，使馆员在选择岗位之初就了解所选岗位对应的薪酬，这是多劳多得原则以及责任大小同薪酬高低挂钩原则的充分体现。

为了增强高校图书馆的核心竞争力，薪酬激励的重点应当放在核心馆员和关键岗位之上，形成一种良性的强调馆员个人知识和能力水平的激励机制，促进馆员积极通过自身努力提高个人的能力和素质以实现工资增长。

五、建立科学的绩效考核机制

（一）确定绩效考核的标准

高校图书馆应建立一套较为完善的绩效考核制度，包括考核目标、考核标准、考核主体、考核对象及考核反馈等，其中，考核标准至关重要。所以，在制定考核标准时，应注意以下几个方面的问题。

第一，考核标准要具有可操作性。高校图书馆在制定绩效考核标准时，要在依据图书馆绩效目标的基础上，结合工作实际，确定绩效考核的内容和办法，定性与定量相结合，内容要做到具体细致，方法要具有较强的可操作性。

第二，工作数量和质量考核标准要科学合理。对实际工作数量和质量的考核，即在单位时间内完成工作项目量的多少、工作的轻重难易程度、工作的质量如何，都应当有据可查。不同的工作要以不同的标准进行量化，并且需要进行大量深入细致的调查、研究，标准要做到科学、合理。

第三，考核标准要围绕岗位职责来制定。绩效考核是以高校图书馆的岗位为中心的考核，主要是考核被考评者能否胜任某一岗位的工作。高校图书馆内各岗位的工作目标、性质和任务等都各不相同，不同的岗位其职责也有着不同的要求，其考核的标准也应有所差别。所以，考核标准必须围绕各岗位职责的规定要求来制定，并且要结合高校图书馆发展的实际水平，恰如其分地确定标准的水平，既不能过高，也不能太低。

第四，对考核标准的设定应区分出层次。考核标准中应明确规定，绩效达到何种程度是合格水平，何种程度是优秀水平以及什么状况是不合格，给馆员提供对其绩效期望的标准。

第五，考核指标应当简明扼要。条目繁多和太复杂的评价指标，只会增加考核管理的难度并降低馆员的满意度，也达不到绩效管理的目的。因此，考核指标的设定应当简洁明了并把握重点。

第六，考核标准的制定要公开。在制定考核标准过程中，要让大家充分了解，让馆员积极参与，要广泛听取馆员的意见，与被考核人进行主动交流沟通，这才是保证绩效考核工作公平、公正、民主和科学的重要手段。

（二）注重定性和定量考核相结合

定性考核即在对员工的工作进行考察后，以评语的方式做出评价。定性考核主要依靠的是考核者主观的经验与判断，侧重对员工的行为考评。

定量考核即对员工设置不同的考核项目，并制定评分标准，通过对员工工作的考察，确定员工最终的分数，将其作为考核的结果。通过项目和分数的设置，定量考评实现了对员工工作的量化表现。

在绩效考核中，定性考核能够体现被考核者的长远发展与隐性贡献，但它是一种总括性的考评，是一种模糊性的印象判断，往往带有一定的片面性和主观性。如果仅用定性考核，则只能反映出员工的性质特点。定量考核能够克服人为因素的干扰，但是它会在一定程度上造成考核对象评价的绝对化和凝固化，并且往往还存在着一些指标难以量化的问题。考核时如果仅进行定量考核，就可能会导致忽视员工质量方面的特征，使得考评不全面。

因此，绩效考核过程中，为克服定性考核和定量考核的弊端，应注重定性考核与定量考核相结合，对员工工作的不同方面采用不同的考核方式，实现定性和定量两方面考核的有效互补，对员工的工作绩效做出全面、客观而有效的评判。

高校图书馆的绩效考核工作，在定性与定量考核馆员工作方面，应当按照各个岗位的职责要求和年度工作计划目标，考核馆员工作职责的履行和对工作目标的完成情况。履行工作职责的考核，重在考核馆员在一个年度内的工作内容、工作态度、服务质量、团结协作、考勤纪律以及是否发生人为工作责任事故等方面的情况，这需要以定性考核为主；工作目标考核，考核的是馆员在该工作岗位完成一个年度工作目标的情况，重在考核工作的实绩，特别是创新性的成果和科研方面的成果等，这以定量考核为主。定性考核和定量考核两方面互为补充，实现对高校图书馆馆员的全面综合考核。

（三）重视考核过程中的沟通反馈工作

高校图书馆绩效考核是在找出人力资源管理中存在问题的基础上，对具有良好工作绩效的馆员进行精神或者物质的激励，而对于工作绩效较差的馆员，强调的是对其开展培训而不是批评、指责和惩罚，其终极目的是鼓励和促进馆员更好地履行岗位职责，使馆员个人、部门及图书馆组织提高工作绩效，促成馆员之间的真诚合作，更加及时有效地解决问题，从而使绩效考核机制成为高校图书馆管理者与馆员之间进行沟通交流的重要手段。

因此，为了使绩效考核工作在高校图书馆人力资源管理中发挥应有的指导和促进作用，高校图书馆应当将考核结果及时有效地反馈给被考核的馆员，使其了解自己的考核分数、突出的成绩、扣分的原因以及存在的问题与不足等业绩评价结果状况。如果对绩效考核结果秘而不宣，则会导致馆员对高校图书馆组织的不信任与不合作。

积极而妥善地对考核结果进行反馈，可以及时纠正考核差错，提高考核结果的正确性，增强高校图书馆上下级之间的信任度；可以促使考核者与被考核者及时地就考核结果及其得出此考核结果的原因、取得的成绩与存在的问题和改进措施等进行有效的交流和沟通，以克服考核中存在的主观偏差，达成对绩效考核结果的共识，确保绩效考核的公平与合理；可以使高校图书馆的管理者了解绩效考核工作中存在的各种不足及馆员的意见，以便在此基础上制定更加完善的绩效考核机制和馆员个人事业发展规划；还可以使馆员更加清楚地了解自己的工作状况，认识到自己的长处与短处，明确自己努力的方向，激发积极性和上进心，提高工作绩效，从而提高高校图书馆的整体工作绩效。

总之，绩效考核本身不是目的，它只是手段，绩效提高才是目的。高校图书馆通要过建立科学、完善的绩效考核机制，让馆员在绩效考核中更加清楚个人的成绩、不足与差距，使其不断改进和提高自己的工作能力，从而积极营造一种激励馆员奋发向上的良好环境，最终达到人力资源管理工作的改善和整体工作绩效的提升。因此，可以说绩效考核的真正目的是促进馆员和高校图书馆的共同发展。

第三章 图书馆数字信息资源建设

第一节 数字信息资源建设规划

一、数字信息资源的管理层次

数字信息资源管理是一项社会管理工程。任何管理都是有层次的，总体管理包含若干不同层次的子管理。不同层次的子管理有不同的目标，实现不同的功能。因此，数字信息资源管理也是有不同层次的。在信息资源管理研究中，马费成先生将信息资源管理活动划分为宏观、中观和微观层次的管理。那么，数字信息资源管理是否也可以划分为三个层次？但从数字信息资源管理的内容来看，中观层次和宏观层次的管理主要是适用范围上的区别，管理的性质、功能基本上是相同的。因此，数字信息资源管理可以划分为两个层次上的管理，即宏观层次与微观层次上的管理。

宏观管理是指国家对数字信息资源进行战略规划，主要用于对数字信息资源管理的宏观指导。宏观规划主要针对数字信息资源建设与开发这一领域，根据国家的发展战略目标，以及为实现这一目标在未来建设过程中需要采取的方针、政策和措施，以推动数字信息资源的生产开发和有效利用，促进数字信息资源的优化配置，强化数字信息资源在社会运转中的功能，保证数字信息资源建设向预期目标发展。在具体实践中，宏观层次的管理规划在对数字信息资源建设与布局现状，以及社会对数字信息资源的需求进行调研论证之后，由政府规划部门或政府委托的单位编制，颁布具有一定约束力的政策或条例来指导各级政府部门、社会企事业单位的数字信息资源的建设、开发以及资源的合理布局、配置。它通常是配合多种保障措施开展系列的活动和项目来推进，以实现管理规划的目标。

微观管理是指政府部门、图情机构和企事业单位等基层组织对自身运行所需要的数字信息资源，从选择、采集、组织、整合到开发、利用全过程进行整体规划。同时，借鉴应用信息工程和信息资源管理的理论与方法，依照标准规范对不同职能领域的信息需求和数据流进行技术分析，并根据分析的结果来合理组织、协调数字信息资源建设和开发。这种规划的作用主要在于避免和消除这些部门或机构在数字化建设过程中形成的"数字鸿沟"。目前，许多政府部门、企事业单位等都建立了属于自己的内部网络和集成控制系统，由于每个部门各自开发系统，缺乏整体规划和统一标准，各部门之间的信息不能快捷流通，形成许多"信息孤岛"，共享程度低，数字信息资源利用效益不高。以数字信息资源建设规划管理作为数字化的基础性工作，能够使数字信息资源实现最大限度的共享，保证每个部门产生的数字信息资源为其他部门所用，避免资源的浪费，从而提高数字信息资源的共享程度和利用率。

二、数字信息资源建设的核心内容

　　数据库建设是数字信息资源建设的核心内容。大型数据库的建设规划应该在国家宏观数字信息资源建设规划中体现，而各部门、各信息机构的自建数据库规划，则应列入微观层次的数字信息资源建设规划之中。并非所有的信息机构都要自建数据库，也并非各信息机构所有的非数字化资源都要加工成为数字资源，建成数据库。确定是否自建数据库的基本条件是：①是否确有需求；②是否有足够的并确有特色的资源；③是否有足够的技术、设备、人力、物力的支持。因此，数字信息资源建设规划要对这些条件进行分析，以确定是否自建本单位的特色数据库，以及数据库的类型、规模、功能、目标、技术参数、标准规范、运行机制等。

　　数字信息资源是当今信息资源的主要组成部分，而网络信息资源则是数字信息资源的主要组成部分。网络信息资源数量极其庞大且增长迅速，内容涵盖人类社会生产生活几乎所有的领域，表现形式多样，集视、听、用于一体，图文并茂，直观形象。网络信息跨越时空限制，传播速度极快，存取十分方便。然而，网络信息资源也存在明显的缺点：缺乏社会评价、监控与过滤机制，网络信息质量参差不齐，内容繁杂、混乱，缺乏规范，精度低，而且分散无序，缺乏管理，缺乏永久保存机制，等等。因此，真正能够有效利用的网络资源是有限的。数字信息资源建设的重要内容之一，就是要对庞杂无序的网络资源，通过鉴别、选择、组织、加工、开发等活动，使之成为可资利用的信息资源。为此，各信息机构的规划应包括网络信息资源的开发和组织方式，如网站评价与导航、专业信息指南系统建设和信息资源指引库建设，并制定相应的网络信息资源的选择标准，主要包括用户信息需求、信息内容质量、信息形式特征、使用方便程度、使用和运行环境、成本效益等内容。同时，也要考虑网络信息资源的建设和维护，比如信息资源的采集、整理、分类、编目、标引、存储、检索和更新等。另外，信息机构还应该积极推广网络信息资源的使用，并在使用过程中不断收集用户反馈，以提高数字信息资源的服务质量。

三、数字信息资源配置中存在的问题

近年来，尽管图书馆在数字信息资源的建设和配置方面取得了长足的进步，但对于达到"满足网络用户对数字信息资源的需求"这个目标还有明显的差距，仍存在诸多问题，现分析如下。

（一）宏观方面

1. 缺乏协调机制

当前我国高校图书馆缺乏整体布局和统筹规划，宏观管理上的协调机制还有待完善。大部分图书馆倾向于根据自身需要构建进行数字信息资源，从整体的视角来看，这样就会导致图书馆数字信息资源相对重复，在提高信息资源整理难度的同时也带来了不必要的浪费。而且受实际开发条件局限性的影响，数字信息资源质量和适用范围也无法保证，在实际使用时往往会暴露更多缺陷与不足，无法有效地实现信息资源共享。

2. 缺乏规范

对于数字信息资源的建设，目前还没有形成规范的原则与标准，这导致各高校图书馆的数字信息资源存在壁垒限制，影响信息资源的交流、互换以及深加工，使得数字信息资源的利用范围和使用效果都大打折扣。

（二）图书馆自身数字资源建设方面

1. 数字信息资源建设重复，造成严重的资金浪费

数字信息资源建设需要专业的技术支持和充足的资金投入，而大部分高校图书馆数字资源建设缺少资金，所以立足整体，仔细筛选、鉴别数字信息，优化数字资源配置就显得十分重要。国内大型的数据库都有各自优势和特色，但同类型数据库中的收录内容会有重复。图书馆在引进数据库时，如

果只引用单一的数据库，数据库的信息资源无法保证覆盖全部的使用范围，利用效率不高。而如果同时引进多个同类的数据库，又需要花费大量的资金，重复的数字信息资源会带来不必要的资金浪费。

2. 特色数字信息资源的建设力度不够

很多图书馆对于数字信息资源建设主要倾向于对现有的数据库的购买，而忽视对自身馆藏文献信息资源的深入开发和再利用，应该加强对自身优势的凸显，开发特色数字信息资源。

（三）对加强图书馆数字信息资源优化配置工作的建议

1. 加强对图书馆数字信息资源的宏观协调

（1）建设协调管理部门。为了加强对图书馆数字信息资源的宏观协调，国家可以在省、直辖市、自治区建立省级协调管理部门，并明确其权力与责任，给予资金、政策、法律等多方面的支持，协助其对数字信息资源建设进行统一规划、统一布局、统一实施，优化配置不同地区、不同类型的图书馆的数字信息资源。此外，设置专门的协调管理部门，进一步完善高校图书馆数字信息资源建设。

（2）对图书馆数字信息资源进行标准化和规范化管理。高校图书馆数字信息资源建设由于缺乏统一的宏观调控，数字信息资源配置参差不齐，需要加强对图书馆数字信息资源的标准化和规范化管理。首先，应该协调多方力量，组织政府管理部门、专家学者以及相关建设参与者，积极研究科学合理、切实可行的管理标准和规范，并且在制定相关标准和规范时，注意其实用性、超前性和国际适配性。其次，要加大推广与实施力度，严格遵循标准及规范进行管理。加强对数字信息资源开发、实施、管理人员的宣传教育，让其深刻认识到设置统一标准规范的现实意义，进而自觉学习了解并理解掌握，将标准与规范内化于心，并以此作为工作实施指南，把相关管理标准及规范落实到实际的图书馆数字信息资源建设活动中。

2. 加强图书馆自身的数字信息资源协调管理

（1）有效利用数字信息资源。为了提供更好的信息服务图书馆，投入大量人力和资金建设数字信息资源。然而，并不是引进的数据库越多越好，而是要经过认真选择，引进适合本馆实际且利用率高的数据库，为读者提供高效的服务。如果某类信息资源需求较多，则广泛收藏；如果需求较少，则采取精品收藏策略。高校图书馆应根据读者需求和特点，重视服务创新，形成数字信息资源利用为主的新服务增长点，最终目的是使数字资源得到有效利用。

（2）进行虚拟资源与实体资源的重组。目前，大多数高校图书馆同时拥有实体资源和虚拟资源，这样丰富了馆藏结构，但同时也带来了新的挑战，即如何协调和合理利用二者之间的关系。例如，在购买网络版电子图书和虚拟期刊资源时，需要考虑与纸本图书采集和期刊定购的重复购买与复本量等问题，以及选择不常用期刊的问题。随着虚拟资源在馆藏中所占的比例越来越大，在采集实体资源时必须考虑到二者的协调，以避免不必要的重复建设，这是图书馆进行信息资源重组时必须面对的挑战。

（3）由分散管理向系统管理转变。高校图书馆的管理体制建立在传统印刷型管理的基础上，导致电子型、网络型与印刷型的采集、存储和管理分属不同部门，造成资源管理缺乏整体性和宏观协调。因此，高校图书馆需要将分散管理转变为系统管理，打破部门设置限制，将不同载体、文种和时期的资源整合统一，实施综合管理，突出知识利用时的完整性和方便性，实现检索和阅览的一体化管理和服务，将管理与信息服务、课题查新和文献检索服务结合起来，以实现对资源的优化整合，提高其整体效应。

（4）调整馆藏结构，形成特色数字信息资源。在网络环境下，特色数字信息资源是图书馆文献信息资源建设的核心。图书馆应该进行全面的用户需求调查研究，预测未来的信息需求趋势，并根据本校性质和任务，突出重点学科，兼顾一般学科的原则，确定数字信息资源的特色建设方向。一旦确定方向，就需要加大投入，持之以恒地开发建设，使数字信息资源在内容方面具有特色性、系统性和完整性。此外，数字信息资源还应保持更新，以确保内容与时俱进，这样才能形成具有竞争优势和发展潜力的特色数字信息资源，为图书馆数字信息建设发展提供源源不断的驱动力。

四、数字信息资源建设目标的确定

数字信息资源建设目标，是对本机构或部门经过一段时期后，数字信息资源建设应该达到何种水平所做的规定。它包括：①数量目标，即在一定时期内，机构所拥有和可获取的数字信息资源的增长应达到什么目标，对本领域已经生产的数字资源的覆盖率应达到什么比例。②质量目标，即对采集的数字信息内容的科学价值、现实使用价值提出明确的标准，对采集的数字信息要达到的广度、深度、新度提出明确的要求。广度指数字信息资源所覆盖的学科或主题范围；深度指重要学科或专题领域的数字资源，如学术文献数据库、学术门户网站等内容的专深程度；新度则指建设的数字资源能否反映各相关领域最新的学术研究或生产建设成果。③特色化目标，即能否根据本地区的地理、历史与文化特点，本地区、本单位所承担的特殊任务，本单位用户的需求等因素，确定本机构或部门的数字资源建设特色，并对标志特色化形成的各项指标做出具体的规定。

五、数字信息资源结构规划

数字信息资源的类型多种多样，内容千差万别，功能各不相同。只有将各种不同类型、不同内容和不同功能的数字资源合理组合，科学配置，才能形成功能优化的数字信息资源体系。

对一个具体的信息机构而言，其数字信息资源体系结构规划与图书馆馆藏文献结构规划在许多方面并无实质性区别，比如资源的学科结构、文种结构、时间结构、资源类型结构等，特殊之处在于对资源等级结构的描述与规划。

数字资源的等级结构，实际上是指根据数字资源的内容价值与用户需求的程度和层次，划分采集与储存的级别，并规划相应的建设目标。美国伯克利数字图书馆提出了数字图书馆馆藏划分的四个级别，即永久保存级、服务级、镜像级和链接级。

（1）永久保存级的馆藏，具体是指已鉴定保存价值、得到认可的用途、唯一定位性的现实馆藏，通常只在一个其他地方无法获得的特定图书馆。

（2）服务级馆藏是指服务于本馆用户、对用户有用的虚拟馆藏。其突出特点是数字资源储存在其他数字图书馆的服务器上，内容十分契合用户的需要。

（3）镜像级馆藏，是指拷贝其他的数字图书馆馆藏，其地址不固定，通常情况下数字资源不可存取，在别的地方也很容易找到相关资料。它的规模相对较小，是否值得安装，需要依照当地的实际情况而定。它支持图书馆馆藏的发展，但并不属于主要馆藏，与永久保存级的馆藏一样，也是实体馆藏，但相对来看缺乏唯一性。

（4）链接级馆藏内容丰富，使用范围较大，其数字信息资料可以寄存在任何地方。它可以在图书馆资源的任意位置上显示，也可以在异地设置链接，但是相对于服务级馆藏，与用户的联系并不密切。在认定链接级馆藏时应该注意到，要支持图书馆馆藏的发展，从任何地方均可以链接到对应信息，并且资源量要充足，有被链接的价值。

另外，对于馆藏级别的划分，除了永久保存级的馆藏级别不可改变外，其他三个馆藏级别均可能随着图书馆的馆藏政策变化而发生变化。

第二节　数字信息资源选择和采集

数字信息资源的选择对图书馆数字信息资源的结构和数字信息服务的内容有直接的影响。面对种类繁多、数量巨大的数字信息资源，图书馆应如何根据本馆的实际鉴别和择取适合的资源，最大限度地满足用户的需求，是当前数字信息资源选择研究的重点。

一、数字信息资源的选择

（一）数字信息资源选择的基本原则

数字信息资源选择的基本原则是确定数字信息资源选择标准的依据。数字信息资源选择原则需要根据图书馆的目标和功能来界定，如一个研究型的图书馆，主要服务群体是科研人员，具有较强的情报功能，需要提供给用户高质量的资源获取途径，图书馆主观推荐的成分较大；而对于大众型的图书馆来说，提供信息的主要目的是传播科学文化知识和社区信息服务，图书馆更注意提供一些时尚的条目以吸引更多新的用户使用资源。考虑图书馆的职能目标和服务的用户特征，数字信息资源选择的原则可总结如下：

（1）数字信息资源选择需要以数字信息资源建设规划和政策为依据。

（2）符合图书馆实际并且最大限度地满足用户的现实需求和潜在需求。

（3）知识的螺旋式增长有赖于在已有知识的基础上进行交流和创新，数字信息资源要能激发用户的知识交流和创新。

（二）数字信息资源选择的标准

数字信息资源选择的标准可以有价格、功能、许可三大指标。

1. 价格

图书馆等信息机构的经费是极其有限的，如何利用有限的经费最大限度地满足用户需要的数字信息资源就成为数字信息资源建设的首要问题。可以说，在数字信息资源选择中，价格是重要的影响因素。作为数字信息资源选择标准的价格因素主要考虑以下几个方面。

（1）重复计价。数字信息资源与印刷型文献的内容存在交叉重复现象，而且数字信息资源提供商出于自身利益的考虑，常常会将若干内容"打包"。图书馆若想要获取其中某些特定信息内容，还必须同时购买整个数字信息资源，从而增加了对所需信息资源的支出。此外，数字信息资源的虚拟性特点也决定了需要购买的是数字资源的使用权而非所有权。在实际的数字信息资源营销中，数字信息资源提供商还可能将数字信息资源与相同内容的印刷型文献捆绑式销售，图书馆实际支付的是这两种形式资源的费用。

（2）利用情况。数字信息资源的利用情况与其价格密切相关。用户的使用人次决定着成本，使用次数越多，成本费用就越低。由于购买数字信息资源的支付是在使用之前，因此在做出购买决策之前，还必须对数字信息资源进行试用。图书馆要针对用户试用数字信息资源的情况进行调查统计，并诚恳接受用户的意见和建议，根据其试用情况估算选择该数字信息资源的使用情况。需要注意的是，在选择数字信息资源时，还必须对潜在用户有一个界定和估计，以评估数字信息资源的费用。

（3）付费方式。数字信息资源的付费方式多种多样，Stuart D. Lee 和 Frances Boyle 将数字信息资源付费模式归纳为按机构规模付费、按限量用户数付费、按潜在用户数量付费、按登录或利用次数付费，并列出了每种付费方式的优缺点。图书馆要根据其本身对数字信息资源利用的实际情况选择方便和节省的付费方式。

（4）定价的稳定性。数字信息资源的数量、质量和内容均处在动态的变化之中，而预先支付的方式又加重了数字信息资源的数量、质量和定价的不稳定性。这就需要通过协商和签订合同方式，将数字信息资源涨价或内容变更带来的变相涨价的风险降到最小。

2. 功能

功能性是数字信息资源被利用的基础。在数字信息资源选择中，功能具有关键性的作用。数字信息资源在功能上存在较大缺陷时，势必会给用户使用数字信息资源造成极大的障碍，损耗巨大的人力与财力。数字信息资源选择在功能方面的要求可以概括为以下三个方面：

（1）资源的可达性。资源的可达性标准主要考察数字信息资源的具体内容是否方便用户浏览、检索、获取和处理。其主要包括门户设计、帮助文件、链接、多媒体等。

（2）服务的层次性。用户对数字信息资源的需求有很大的差别，这就需要数字信息资源的服务也应该具有层次性，即数字信息资源不仅需要提供获取信息资源简单和直接的途径，还需要提供全方位跟踪、关联用户信息需求的一系列服务。

总而言之，这种服务的层次性主要体现在两个方面：一是检索，既提供满足用户简单检索所需信息资源的跨库检索和快速检索通道，同时也提供了专业搜索和高级检索的界面，还能对检索的结果提供深层次的知识挖掘、建立关键词链接等。二是培训，能提供针对不同信息素养水平的用户由易到难的数字信息资源利用培训。

（3）系统的效率。系统的效率是衡量数字信息资源功能的关键。对用户而言，响应时间越短，说明系统的效率越高，损耗越低。

3. 许可

在数字信息资源选择中，需要对许可使用方面的标准进行考虑，以确定数字信息资源被选择后图书馆和数字信息资源提供者的权利和义务。通过具有法律效力的条款和协议对图书馆提供的该数字信息资源和服务进行限定是数字信息资源可供用户利用的必要条件。考虑许可因素主要是为了确定以下四个方面的问题。

（1）内容。内容主要指获得和存取的资源范围与程度。数字信息资源内容选择中的许可要特别注意的是：回溯型数字信息资源，一般只收取名义上的费用，且一次支付后，出版者就不可能再从这些过刊出版物内容上获得其他费用了；组合型数字信息资源，即一家数字信息资源提供商将不同出版商的不同出版物组合在同一数字信息资源内，以同一机制和许可进行更新与运作，这就从某种程度上增加了数字资源内容本身和资源管理的复杂性。

（2）用户。用户是指那些有权使用数字信息资源的人群。经过授权的用户群是具有合法存取和利用数字信息资源的权利。对于图书馆而言，在定义用户群的问题上还有两个特别要注意的情况。首先，很多图书馆有自己的联盟成员馆、合作伙伴或大客户，其性质有些是科研教学等非营利机构，有的是营利性的企业实体，这类单位与图书馆的关系是很模糊的，需要在定义用户群时特别注意，以免发生纠纷；其次是信息机构的随入用户是否具有数字信息资源使用权的问题，由于可能带来的潜在损失，提供者尽力在商谈中否决这些随入用户的存取权。

（3）利用。利用是指对数字信息资源的合理使用，它是界定数字信息资源使用行为的合法范畴，也是数字信息资源许可的重要内容。一些数字信息资源的出版者和提供者认为数字信息资源的易传输等特征使得其很容易被滥用，因此意图禁止任何形式的馆际互借。

（4）统计

统计是制定许可的向导。数字信息资源选择中的许可指标大多是依照图书馆对数字信息资源的使用统计情况制定的。每种数字信息资源的使用次数或各种数字信息资源服务项目的使用情况的统计报告，对于图书馆制定最为经济合理的预算具有重要的指导作用。

（三）数字信息资源选择的程序

数字信息资源选择是图书馆信息资源建设中一项具有极强专业性、技术性和经验性的活动，且参与的人员来自不同的职能部门。因此，确定数字信息资源选择的程序是数字资源建设的重要环节，对其的选择大致分为以下四步。

1. 确定数字信息资源选择目标

数字信息资源选择首先需要确定数字信息资源选择的目标，包括确定目标用户、资源、服务以及存取条件。

（1）目标用户。在数字信息资源选择前，要对目标用户群有一个清晰的了解，即明确用户需要什么层次的服务和资源，用户对新技术与培训的接受能力和适应能力的情况，在图书馆提供的数字信息资源环境中能否不借助帮助就能使用数字信息资源。这些关于目标用户的信息能在为用户收集资源时帮助他们获得重要信息并做出关键的决策。因此，在数字信息资源选择前，首先需要明确的就是图书馆目标用户的定位。

（2）资源。确定数字信息资源选择的资源一般从两个方面进行：一是明确数字信息资源优于相同内容的传统文献信息资源；二是从具有相同内容的数字信息资源中选择具有最佳形式和经济的数字信息资源类型。对目标资源进行筛选和过滤，与目标用户的定位相匹配，选择的过程要避免大而全的思想。

（3）服务。在所开展的诸多数字信息资源服务中，确定适合用户的形式；确定用户对数字信息资源提供服务的时间、交互方式等的要求。

（4）存取条件。数字信息资源的物理存取方式有三种：第一种是可在因特网范围内利用，即任何人在任何地方连接因特网和登录 Web 浏览器就可以存取资源；第二种是仅可在当地网络或局域网范围内利用；第三种仅提供在工作站单机上利用。不同的存取方式适合不同的目标用户群体。此外，还需要对目标用户获取和利用数字信息资源是否需要技术和相关知识的支持，以及是否规定用户的技术设施和网络条件进行考虑。

2. 制订数字信息资源选择计划

选择和构建数字信息资源体系时，为了保证各项支出的合理性并兼顾数字信息资源效率，还需要制订相应的"以用户为中心"的数字信息资源选择计划。可调研和借鉴其他图书馆数字信息资源选择的实践经验。建立数字信息资源选择的"工具库"，包括参照国内外相关研究报告，进行适合本机构的数字信息资源选择实践探索。一般而言，收集数字信息资源时，并不需要从网上抓取成千上万的资源，目前已有的许多数字图书馆、网站导航等都可以提供有利的帮助。

3. 组织试用，收集用户反馈意见

在尚未将优选的数字信息资源纳入数字馆藏资源体系时，可以先将其放置到数字信息资源服务平台上，选择并匹配对应的目标用户，向其推送该数字信息资源的内容和服务信息，发放用户调查问卷，获取用户反馈，了解使用感受以及服务满意度，并针对具体的使用状况进行分析。除了对用户的意见进行收集外，在试用期间，还需要同时考察数字信息资源的稳定性、响应时间等状况，收集相关事实，以便为数字信息资源采集方式的选择提供依据。

4. 更新数字信息资源体系

根据数字信息资源选择标准，对比待选数字信息资源和已有的同类数字信息资源，以明确该数字信息资源在内容和功能等方面的优势与不足，方便对该数字信息资源的体系状况进行改善。

二、数字信息资源的采集

（一）图书馆图像数据信息采集的总体原则

1. 及时主动原则

采集信息时要保证信息的及时性，主动收集符合当下社会需要的信息，并能准确地反映事物的特征与现状。

2. 真实可靠原则

在进行信息采集时，需要对信息进行初步的比较、鉴别、筛选，实事求

是、研究考察，保证信息的真实性和可靠性，使得采集到的信息切合实际，具有应用价值。

3. 针对性原则

在信息采集前要充分调查并了解服务对象和工作项目的实际需要，然后有目的、有计划、有重点地选择具有应用价值的、符合市场需求的优质信息，保证数字信息资源的质量和针对性，满足用户单位的需求的同时提高信息的利用效率。

4. 系统全面原则

系统全面指的是时间上的连续性和空间上的广泛性。只有以全面、系统的采集工作为前提，才能有所侧重、有所选择。

5. 选择性原则

选择性原则具体是指，在采集数字信息资源时，图书馆应该优先选择信誉高、稳定性强的信息来源，以确保获取高质量的信息。在采集图像信息时，应该把信息质量当成优先考虑因素，尽量在保证质量的前提下获取足够的数量。并且，采集方法也需要根据实际情况确定，选择不同的采集方法以期获取更全面的信息。总而言之，在进行数字信息资源建设时必须要有目的、有选择地采集信息。

6. 协调性原则

协调性原则指的是在采集图像数据信息时把控物理图像信息资源建设和数字信息资源建设在资金使用上的矛盾，协调传统图像信息资源与整体数字信息资源采集的比例。还指综合人力、物力和财力等多种资源，协调不同图书馆一同创建图像信息资源，促进资源的有效共享，进而建设更加全面、更具特色的图像信息资源馆藏。

7. 互补性原则

图书馆信息资源不足时，应该加强对数字图像系统的组织，从内容上、数量上、形式上对数字图像信息资源进行组织来补充本馆收藏的图像信息。所以，应该坚持数字获取信息与物理图像相互补充的原则，令二者相互连接、相辅相成，推动馆藏图像信息的数字化、电子化发展，形成结构规范、系统完善、功能全面的数字图像信息保障体系。

8. 有效性原则

在数字环境下，图像信息资源的馆藏和需求都应以用户的有效利用为核心。因此，需要针对数字环境下图像信息服务工作的特点，进行适应性调查并创新信息服务模式，从而使得互联网上的图像信息资源能够得到有效利用。

（二）数字信息资源的采集方法

数字信息资源可以分为有偿数字信息资源和免费数字信息资源。数字信息资源的性质不同，决定了数字信息采集的方法也是不同的。这里主要就数字信息资源常用的采集方法展开分析。

1. 选择性采集

根据 Web 资源的文化、历史、经济、学术价值，对 Web 内容进行有针对性采集的方法称为选择性采集。采用选择性采集方法时，需要耗费较大的人力和物力。但是由于它采集保存的每一项内容都经过严格的选择与评估，并明确规范了哪些资源需要优先采集，所以其保存的资源品质优良。但是也存在以下问题：

（1）在选择归档主题时具有较强的主观性。

（2）选择性归档的内容极其有限，因此不可避免地要遗漏许多对未来有重要价值的资源。

（3）割裂了原网络资源之间的相互联系且不采集外部链接资源，导致一些对某些资源和研究有价值的前后背景信息丢失。

（4）耗费人力和资金。随着后续 Web 资源的增多，这种方法很可能会面临人员、资金两大方面的缺陷与瓶颈。

2. 全采集

利用自动采集技术把对方网站上的所有信息全部保存下来的方法称为全采集，也可以称其为自动获取。全采集方法能够定期自动获取相关信息，且采集效率较高。但是，它也存在以下问题：

（1）对捕获时机要求较高，一般每 6 个月自动获取一次，但是可能漏掉会在这段时间内产生和消失的 Web 信息。

（2）由于涉及的 Web 资源数量巨大，因此质量监控只限于小规模的样本抽查。

全采集相对于选择性采集的人力投入会少一些，但在数据下载和存储上需要大量的资金。

对于那些限制性访问的网站，自动采集机是无法访问的，也无法获取深层网络信息。

3. 组合方法

随着存储载体容量的日益增大，存储成本的不断下降，人们开始将选择性采集和全采集方法结合起来使用。首先，采用自动爬行的方式，快速收集到网上庞大的数字资源；对于那些无法自动获取的深层网络的重要文献，则采取自动获取与人工选择相结合的方法。其次，专家对这些网址的文献进行内容鉴定，使用人工选择采集的方法将有价值的信息保存起来。

4. 自动定制

公共获取运动提供了大量有价值的供免费获取和使用的学术信息资源，并利用网络这个平台，以电子期刊、个人博客和 Wiki 等形式对外发布。而且，相关平台也会为用户提供定制的检索服务。比如，图书馆可以利用 RSS 定制技术或相关服务，定制经过选择的信息资源，随时接受推送的相关信息资源。

采用自动定制能够保证采集信息资源的时效性和定制的数字信息资源更新的及时性，对图书馆人力、物力的要求没有那么高。但是，这种方法对站点服务的稳定性要求较高，定制服务将图书馆采集的信息资源限定在某些特定的主题和类型中，必然会造成部分有用数字信息资源的遗漏。

（三）图书馆图像数字信息的采集策略

1. 把握正确的发展方向

由于图像数字信息资源与传统数字信息资源存在差异，传统的图书馆数字采集政策已经无法满足数字化发展的要求。为了适应出版物载体形式的多元化和信息出版业以及电信技术的快速发展，图书馆必须制定适合自身的信息资源建设发展政策，以实现有效的资源配置。这些政策的内容应该包括：选择和采集图像数据的政策、经费分配政策、藏书发展政策纲要、信息管理和保护政策，以及馆际互借和资源共享政策，等等。其中，对于图像数据的选择与采集，应该特别注意数字信息资源的获取和与印刷型数字信息资源之间的比例关系。这些政策的制定将有助于图书馆更好地管理和利用数字信息资源，以适应数字化发展的要求。

2. 调整各类图像数字资源的馆藏比例结构

图书馆应该根据科学和合理的原则来规划馆藏，包括数字化和传统型资源的比例关系。在数字化信息资源方面，图书馆需要考虑不同类型资源之间的比例关系，并根据用户需求和经费情况来配置各种数据库和数字化电子书刊。图书馆还应合理规划纸本和数字资源之间的比例，使它们有机地结合，发挥最大的效益。在印刷型期刊和全文电子期刊的比例关系方面，图书馆需要考虑如何避免重复订购。为适应数字存储和传输媒介的发展，为教学和科研提供信息资源保障，图书馆应该逐步增加数字化信息资源的收藏比例，并朝以数字化图像信息资源采集为主的方向发展。

3. 逐渐调整和增加数字化图像信息资源采集的经费比例

数字化环境为图书馆合理利用图像信息资源提供了很好的条件，使其能够通过数字方式收集世界各地各种类型的信息资源。在分配经费时，需要考虑资源共享原则，优先购买常用的数字图像信息，并通过资源共享的方式解决价格昂贵、使用较少的数字信息问题，以节约经费并补充现有馆藏信息的不足。随着馆藏数字数量的增加，也需要相应增加信息技术设备（如计算机）的经费投入，因为数字资源对这些设备有很强的依赖性。

4. 走加强合作、实现信息资源共享的发展道路

图书馆提供信息资源共享服务的基础包括馆藏信息资源和网上信息资源，仅依靠馆藏资源无法提供广泛的信息服务。因此，必须认识到信息资源共建与共享的关系，加强系统内外的数字化协作。同时，需要分析和研究自身服务对象所需的数字信息，提高数字信息资源的保障率。要了解哪些信息资源可以通过馆际互借或复制获取，哪些必须购买，哪些可以直接获取，以促进数字信息资源共享的发展。

5. 以计算机数字信息技术为依托，建立国内数字信息资源的保障体系

随着电子计算机和通信技术的不断发展，图书馆事业发生了深刻的变化。高密度数据存储和远程传输的技术在图书馆数字信息资源建设中的有效应用，使得完善信息数字化建设成为图书馆工作的新阶段。数字信息资源建设是数字情报工作现代化和实现数字信息资源共建共享的必要途径，以计算机数字信息技术为基础建设数字信息资源是构建国内数字资源保障体系的有效模式，坚持此构建模式终将解决国内数字资源建设分散独立的局面。

第三节　数字信息资源的组织

一、信息组织的界定与变迁

信息组织是一种通过采用各种方法和手段，使信息有序化的过程。它通过揭示信息之间的内在逻辑关系，对信息进行处理、整理、提炼，使其变得系统化、精简化，以便信息的展示、传递和交流。早期传统的信息组织主要是指对文献信息的组织，通常采用手工编制目录、索引、文摘、综述等方式侧重对信息的外部特征进行揭示，通过制作目录卡或编制索引的形式进行信息组织和利用。

在采用计算机技术后，所处理的信息对象仍主要是文献信息，通过人工著录、分类、标引等方式侧重对信息内容特征进行揭示，通过计算机建立若干倒排档的方式提供检索和利用。在网络化、数字化环境下，信息资源的形式和类型发生了巨大变化，信息的生产与来源、信息的形态与类型、信息的加工与控制的过程和方法都发生了改变，这些变化对信息组织提出了新的挑战。信息组织的发展呈现出三方面的趋势：①信息组织对新技术的依赖性越来越强。搜索引擎、数据挖掘等新技术成为信息组织发展的重要支撑。②元数据在信息组织中的应用日益广泛和深入。元数据描述体系呈现多元化格局，元数据交换和互操作规范备受关注，从初期的元数据规范层的互操作向语义互操作和语法一体化方向发展。③随着数字环境的发展，信息组织的方法也在发生变革。为适应数字环境的需要，新型的知识信息组织工具，如概念地图、语义网、本体思想为核心的语义 Web 技术和语义网格等正在出现，对这些新的思想、理论、技术和方法的认知和研究已成为信息资源组织领域的重要研究内容。

二、数字信息资源组织的内容

从形式上看，数字信息资源组织与印刷型信息资源组织并无太大区别，但是，两者基本内容存在一定区别。数字信息资源组织内容包括优化选择、描述与揭示、确定标识和整理存储。

（一）优化选择

选择是数字信息资源组织的第一步。数字信息浩如烟海、优劣杂糅、真伪混同。所谓选择是在广阔无际的海量信息中发现并确认具有组织、整理和保存价值的信息。从信息管理的角度来看，信息资源选择是根据用户的需要，从纷繁复杂的信息中把符合既定标准的那部分信息挑选出来的活动，是以选择主体对数字信息资源现象的认识为前提的，是人的主观认识与客观现实的相互作用。为对数字信息资源进行整理，提高信息质量，并控制信息的流量流速，就必须进行优化选择。

（二）描述与揭示

描述与揭示是数字信息资源组织的重要组成部分，在数字信息资源组织中起着关键作用。一般而言，对数字信息资源组织形式特征进行描述的过程称为著录。这个过程如同传统文献编目工作，要按照一定的逻辑以一定的格式形成款目。对数字信息资源内容特征的揭示称为标引，是数字信息资源组织的专业化工作，是在分析信息内容属性及相关形式属性的基础上，用特定的检索语言（如分类语言、主题语言）表达分析出属性和特征，并赋予信息检索标识的过程。标引是一项传统图书馆的信息组织工作，对于数字信息资源组织来说，同样适用。

（三）确定标识

确定标识是以简练的形式表征的信息特征，目的是区分和辨识信息，作为有序存储和检索信息的依据。无检索标识的信息，不能形成检索系统，也不能有效地进行检索。与传统的印刷型信息不同，数字化信息更为复杂，其利用和处理需要依赖一定的格式和环境。而且，在数据层面，数字化信息还可以与另一个信息单元相联系，形成一种网状结构。在网络环境下，数字信息处于一种无序状态，是一种动态信息，因此，确定数字信息资源的标识，对于建立一个有序的数字化信息资源保障体系十分重要。

（四）整理存储

对给定检索标识的数字信息进行整理，将内容相同的集中在一起，不同的区别开来，组织成为一个条理清晰、层次分明的信息系统之后，还应将这些信息按照一定的格式和顺序存储在特定的载体中，如各种光盘检索系统、联机检索系统、数据库、学科信息门户、网络检索工具等都是数字信息存储的载体。利用新型载体存储数字化信息，可增强数字信息资源的可控性、有序性和易用性，为高效率地利用数字信息资源创造良好条件。

三、数字信息资源组织的原则

基于个性化服务的数字信息资源组织必须遵循如下原则。

（一）目的性原则

基于个性化信息服务的数字信息资源的组织具有鲜明的目的性，即以用户为中心，紧密围绕用户的信息需求开展工作，注重信息机构目标市场的需求状态及其变化特征。在信息资源组织与开发过程中，要充分了解用户需求，改进信息资源组织方式，运用先进的信息组织技术，使信息资源组织成果方便用户的选择和利用，尤其要注意将被动的信息资源检索变为主动的信息资源报送和知识导航，要在信息资源与服务的整合开发和个性化服务方面努力，提供方便用户的功能，以优质的服务吸引用户。

（二）系统性原则

在对数字信息资源进行组织的过程中，坚持系统的观点和方法十分重要，没有系统性的数字信息资源组织工作是不可能实现其整体目标的。只有在信息组织中贯彻系统性原则，才能平衡好各种关系，获得最佳的整体功能。

（三）客观性原则

如实地将数字信息资源的外在特征和内容特征进行描述和揭示，并有序地形成相应的数字信息资源组织的成果，是数字信息资源检索和利用的需要。只有这样，才能实现不同系统间的数据交换，实现用户和系统以及系统与系统之间的有效沟通。

（四）易用性原则

数字信息资源组织的最终目的是方便用户有效利用，在其组织过程中，一方面要考虑普通用户的信息检索特点，尽量简单易用；另一方面也要考虑研究型、专业型用户的信息需求，提供一些较为复杂的功能。使用方便是任何类型的信息资源组织系统都必须遵循的一条通则，数字信息资源组织也不例外。

（五）完备性原则

在现代技术条件下，数字信息资源组织已经超越了信息媒体的限制，可以利用高新技术，依托国家信息基础设施，建立数字信息资源组织网络体系，构建整合如全文本信息、图像、声音、视频信息等各种载体、各种类型的数字信息资源，使之变成一个整体，对于特定数字信息对象范围的收藏是完备且统一的。除此之外，数字信息资源的组织还应该包括对传统图书馆信息资源的数字化处理，使其在存取层面能够完善化、统一化、整合化。

四、数字信息资源组织的标准

数字信息是一种以数字代码的方式将图、文、声、像等信息存储在磁、光等介质上的信息。数字信息资源组织体系的建立，需要遵循有关信息加工、描述等方面的标准。数字信息资源组织的标准包括数据标记格式标准和信息资源描述标准两种。其中，数据标记格式标准描述了数字化信息的基本结构，使得不同计算机系统可以交换数据；信息资源描述标准则实现了用户、系统以及系统之间的有效沟通。

（一）数据标记格式标准

数据标记格式标准是对不同类型数字文件格式进行规范，以便在不同计算机系统之间进行数据交换。其包括页面著录标准、图形格式标准、结构信息标准、移动图像与音频格式标准等。超文本标记语言、通用标记语言与可扩展标记语言是数字信息资源组织方面的结构信息数据格式标准，可用于标记人工可读格式文献与数据库信息的超文本。这些标准的制定有利于实现数字信息资源的互通和共享。

（二）信息资源描述标准

信息资源的规范化描述是通过元数据规范和著录规范控制的，即在数据库中以字段的方式对数字信息资源的各种属性进行描述，如题名、作者等。这些描述信息是读者评判某一数字信息资源的依据、访问所选择站点的入口，也是导航系统检索的基石。

元数据作为描述属性的数据，是指示数据存储位置、查找历史数据、记录文件资源的基础，作为电子目录和一种编码体系保证这些数字信息资源能够被计算机自动辨析、提取、归纳。在信息资源组织中，就元数据的功能而言，它具有定位、描述、搜索、评估和选择的功能，其中基本的功能为描述信息属性。

信息资源的属性都可以被特定团体或相关元数据方案进行描述，为了规范对信息资源的描述，国际上从事信息与文献工作的标准化组织和相关机构曾制定过多种标准、规则，包括书目及通用元数据方案和专业领域元数据方案。

五、数字信息资源组织的方式

数字信息资源的组织是人们利用现有技术，通过对信息资源的外在特征和内容特征进行整理和排序，把无序的信息转化为有序的信息流，以确保用户能够有效地获取和利用这些信息。随着互联网技术的不断进步，信息网络化已成为发展的必然趋势。在网络技术的支持下，对信息资源的组织有以下几种方式。

（一）文件方式

文件方式是一种简单、方便的管理和组织网络信息资源的方式，可以减少信息组织的成本，让信息组织变得更轻松。比如，FTP 文件传输协议可以帮助那些以文件形式保存的各种非结构化信息资源，例如程序、图形、图像、音频、视频等。然而，在不断扩张的网络信息量和用户普及化的网络信息资源利用的影响下，依托文件单位的信息共享和传输方式会导致网络的负担越来越重。此外，在信息结构较为复杂的情况下，文件系统无法有效地控制和管理数字信息资源。因此，文件方式只能作为网络信息资源组织的辅助形式，或者作为其他信息组织管理对象的信息单位。

（二）超媒体方式

超媒体方式将超文本与多媒体技术相结合（一种非线性的多媒体信息网络结构和信息管理技术，它将文本信息存储在无数节点上，一个节点就是一个独立的"信息块"，节点之间有链接），借助超文本的方式把文字、图表、声音、图像、视频等数字信息整合起来。为了避免检索语言的复杂性，人们通过浏览的方式可在高度链接的信息库网络中搜寻所需信息。

利用超媒体方式组织数据信息，可以将网上所获得的各种多媒体资源采用超媒体技术将其有机地以网状结构编织在一起，这样用户就可以从任意节点出发，从不同角度查找信息。这种组织方式不仅符合人们思维联想和跳跃的习惯，而且还能避免检索语言的复杂性，方便描述和建立各种媒体信息之间的语义关系。然而，在以浏览的方式进行信息搜寻时，网络的体量会变得更大，用户往往无法快速定位到实际需要的信息节点上。并且在浏览的过程中很难保存自己浏览过的所有历史记录，从而形成一定的"迷航"现象。

（三）搜索引擎方式

搜索引擎是一种利用网络自动搜索的技术，也是目前网上二次信息组织常用的一种方式。

搜索引擎方式并不是在互联网中搜寻自己想要的信息，而是搜索已经整理好的网页索引数据库。被称为"网络机器人"或"网络蜘蛛"的实际上都是一种自动跟踪、浏览网页并进行标引的智能软件，这类软件一般由采集系统、建库系统、索引查询系统、备份复制系统、目标缓存系统和目标管理系统组成。搜索引擎可以让用户在搜索框中输入关键词或者按照分类结构逐层选择，以获取大量符合需求的网站链接。通过点击这些链接，用户可以访问这些网站，从而方便地进行信息搜索，避免了盲目浏览网页的情况。然而，在扩大其数据库时，搜索引擎通常也会包含大量商业、文化和娱乐等非学术性站点，虽然这样保证了查找的全面性，但也极大地降低了查找的准确性。

（四）主题树方式

主题树组织方式是一种按照预先确定的概念体系结构，将信息资源分类并逐层组织的方式。用户可以通过逐层选择、过滤等方式，浏览并找到所需的信息线索，直接访问相应的网络信息资源。该方式界面简单易用，具有系统性和可扩展性，但是要求体系结构不能过于复杂，每一类目下的索引条目不宜过多，因而它不适宜建立大型的、综合性的网络资源系统。

目前，主题树方式广泛应用于专业性或示范性的网络数字信息资源组织，比如 Yahoo!、Gopher 这类比较著名的网络搜索工具，都采用主题目录方式对线上的数字信息资源进行组织处理。

（五）数据库方式

数据库方式是指将搜索引擎所采集和标引的网络信息资源，以一种固定的记录格式存储在数据库中。用户可以通过关键词及其组合进行查询，以找到所需的信息线索，并通过这些信息线索直接链接到相应的网络信息资源。

数据库技术是一种比较成熟的数字信息资源组织形式，它可以有效地处理大量结构化的数据，极大地提高信息的有序性、完整性、可理解性和安全性。因此，运用数据库方式，不仅使信息组织的效率有了明显的提高，而且还能大大降低网络的负载，并为网络信息系统的构建提供现成的数据和经验模式。然而，由于数据库通常处理的是结构化的、以数字形式为主的数据，对于非结构化数据的组织和处理困难，并且无法提供数据之间的知识关联，这使得处理日益复杂的信息单元变得困难的同时也影响了人机交互的效果。此外，对于事实型数据和离散型数据，在决策支持系统中，目前的数据库技术也无法给人以满意的处理结果。

学科信息门户（subject information gateway, SIG），作为把特定学科领域的信息资源、数字工具和数字服务整合到一起的信息搜索入口，它是提供经过图书情报机构工作人员对信息选择和筛选后，按学科组织的、可检索和可浏览的网络资源和资源目录的联机服务系统，其最具特色的部分是详细的元数据（或目录）记录数据库，这些记录对网上资源进行描述并提供指向资源的链接，指引用户获取所需信息。从所具有的功能来看，可以将学科信息门户视为对网络指南、资源导航、指示数据库的进一步发展。

学科信息门户的特点在于数字信息资源具有学科性，是针对用户的信息需要，依据特定学科或主题领域的资源选择和评定标准，对具有学术和应用价值的信息资源进行搜集和组织；集成性，将专业领域各种有价值的网络信息资源集中到一个知识体系中，既收录机构网站、数据库等，又收录一些特殊的网络信息资源类型；规范化，学科信息门户建设有严格明确的规范。

目前国内外建立的学科信息门户大致分为两大类：综合类（多科类）和单科类。其中，单一学科信息门户的比例略强（国内目前仍以单学科信息门户为主）。

（六）指引库方式

指引库是一种通过对信息资源进行主题分类标引，并按照一定的组织结构组织起来，向用户提供查找这些资源的分布情况的方式。虽然指引库本身并不存储实际的信息资源，但它可以指引用户到达相应的地址获取所需的信息。相比其他方式，指引库的记录经过严格的选择和分类标引，信息可靠性和针对性更强。但是，这种方式需要对信息进行分类标引和设计主题树结构，工作量较大。

六、数字信息资源组织的方法

数字信息资源组织的方式实际上是一种模式，它所讨论的是数字信息资源组织的一种标准形式或是在人们组织数字信息资源时可以照着做的标准样式，而数字信息资源组织的方法则是研究信息资源的组织途径，研究如何揭示信息资源，它是建立信息检索系统的基础。

（一）分类法

分类是将事物根据其性质、特点、用途等进行分组的一种方法，相似的事物被归为同一类别，不同的事物则被归为不同的类别。分类法指的是将一些类别按照内在的关系和规则组织起来并整合为体系表，构建一个系统化的结构，来作为分类工作的依据和工具。这个体系表明了各个类别之间的关系，使人们更好地理解和组织所分类的事物。在网络环境下，分类法的优势在于通过建立一个共有的概念性的上下文关系，能够超越不同的信息存储形成一种凝聚力，提供按等级体系的浏览检索方式。目前，运用分类方法组织数字馆藏主要有以下几种形式。

1. 文献分类法

在联机系统中，电子分类法的应用不仅便于浏览，还能实现字顺检索，只要分类法在类名上更加规范化、注释更加充分和详细，按主题或事物名称进行跨类的多途径检索功能就很容易实现，成为分类检索的重要补充。比如深受专业用户青睐的学科信息门户，就是因为它运用了文献分类法组织了高质量的数字信息资源。

2. 参考文献分类法

这种分类法是面向一切网络信息的，它是根据搜索引擎或网站的性质，搜索和收录重点设计分类大纲，将网站上的网页归到相应的类目体系中，类目可以按等级体系的方式浏览。

3. 人工神经网络

人工神经网络是根据人类的生物神经系统结构设计的计算机系统，应用范围很广。在信息组织领域，它可以用于自动分类，在主题及主题词关系可视化显示方面的发展潜力不可估量。

（二）主题法

按照表达主题概念语词标识的构成原理和特征划分，主题法一般分为标题法、单元词法、叙词法和关键词法。在网络环境下，用于组织数字信息资源的主要是关键词法和叙词法。

（三）本体

本体的概念源于哲学，即对世界上客观存在物质的系统描述，一般译作本体论。本体的目标是收集和记录某一领域的知识，提供对该领域知识的共同理解，并确定该领域内共同认可的词汇和术语。本体通过不同层次的形式化模式，明确定义这些词汇及其相互关系，从而建立一种共享知识的方式。本体可以捕捉概念之间的关系，以及这些关系的属性和限制条件，进而支持各种语义推理和信息检索操作。换句话说，本体是一种结构化的知识表示方法，可以帮助人们更好地理解和组织某一领域的知识，促进不同系统之间的交互和共享。通过概念之间的关系来描述概念的语义，应用本体可以很好地对信息语义关系进行分析。从某种意义上讲，本体与叙词表一样，都是种控制词表，是一种知识组织工具。事实上，本体的应用范围远比叙词表要广泛，而信息组织与检索只不过是它的一个适宜应用的领域而已。数字图书馆是本体的重要应用领域。本体在其中可以发挥重要作用之处主要包括处理信息组织、检索信息和异构信息系统的互操作。

（四）主题图法

主题图法是一种新型的数字化信息组织方法，使用这个方法可以提供优质的信息资源导航。在信息管理领域，主题图运用十分广泛，如在叙词表的编制和应用方面，在网络教学的教育信息资源组织与导航方面，在电子商务方面、在门户网站和知识交流共享等方面都有较好的应用价值。可以预示，随着信息技术的不断发展，主题图方法将在数字化信息资源组织和知识表示方面发挥更大的作用。

第四节　数字信息资源与服务整合

数字信息资源与服务整合是指图书馆根据用户的信息需求，利用相关的信息技术和标准，将分散的、异构的数字化信息资源和信息系统按照一定的方式进行优化组合，形成高效率、高质量的数字信息资源服务保障体系以满足信息需求的过程。其目的是通过数字信息资源的整合提升信息内容之间的关联度，创设方便快捷的数字信息资源利用环境，并构建数字信息资源利用的保障体系，推进个性化集成服务的发展。

一、数字信息资源与服务整合的内容

数字信息资源与服务整合的内容和数字资源与服务整合的内容相似，主要有信息技术整合、数据资源整合、信息内容整合、服务流程整合、服务功能的整合等。

（一）信息技术整合

信息技术整合是将各类型整合和综合利用数字信息资源的信息技术进行整合，所产生的技术群被称为信息资源整合技术。在数字时代，信息资源的整合建立在信息技术之上，伴随着信息技术的发展而发展。由于数字信息资源本身带有很强的技术性，没有信息技术的应用就不可能把异构的数字信息整合为一体化的知识体系，没有信息资源整合技术也不可能实现不同信息之间的转换、映射与互操作，更不可能进行数字信息资源的开发与利用。因此，数字信息资源的整合首先就集中体现在信息技术的综合运用上。数字信息资源的整合开发要求充分运用信息技术对数字信息资源保障体系进行优化和规范，从而简化服务流程，缩短服务距离，为信息用户提供简便、快捷、统一的运行界面和数字信息资源利用途径。信息技术整合的主要作用是有效地解决信息孤岛问题，实现跨网络、跨平台、跨应用、异构数据和其他信息整合。

（二）数据资源整合

数据资源整合是指对异构资源系统中的异质、异类的数据在逻辑上或物理上有机地集中，提供统一的表示和操作，以解决多种异构数据资源的互

联与共享。数据资源整合是数字信息资源基础建设的重要组成部分，也是实现信息资源系统整合与集成的关键和基础。分布在各种数据库中的数据资源是数字信息的基本构成，也是图书馆数字信息服务的基本要素，对机构化的数据资源集中是数字信息资源整合的基本内容。具体来说，数据资源整合是把不同数据库中的数据组合归纳为一个数据库，避免成本浪费的同时提高资源利用效益，更好地满足信息用户的需求。因此，它具有降低经营成本、增强数据访问完整性的作用，同时也具有增加可靠性、可利用性和可扩展性的特点。

数据信息资源整合的内容一般包括数据的准备、数据挖掘、知识评估等。数据的准备主要包括数据选择、数据清理和数据预处理；数据挖掘的主要任务是识别知识的种类，研究数据挖掘的模型和算法，发掘规则知识，并根据数据资源的挖掘任务和特点，选择合适的挖掘模型和算法；知识评估则是对数据资源的使用价值进行分析评价，最终得到所需的有用的数据和知识。

（三）信息内容整合

信息内容整合是指运用信息资源整合机制和标准，对不同类型、不同来源、不同载体的数字资源进行集成、描述和链接，对蕴含在数据或信息集合中的内容关联进行深入的揭示和整合，从而使相对独立的信息内容形成内在的联系，以真正实现数字信息资源的全方位整合和"一站式"获取。

如果说数据整合是对结构化的数字资源进行整合的话，那么信息内容整合则是对非结构化的数字资源进行整合，其本质就是通过一定的技术手段，将数字信息资源基本属性间的多种复杂关系进行衔接与整合，使分散的、异构的文献及其关系形成一个有机联系的整体。它是在数据整合基础上的拓展深化，是数字信息资源整合的必由之路。数据整合解决了异构数据库中信息资源的合并问题，实现了不同异构数据库资源的互通互联和统一检索，但信息内容之间的多种关联却没有得到很好的揭示，而这种内容之间的联系又是信息用户利用数字信息资源的依据和主要内容。因此，如何在统一的数字信息服务平台入口处，既提供"一站式"的检索界面，又提供多种内容关联的数字资源，使图书馆用户能够"一步到位"获取所需信息，则成为数字信息资源整合的重要内容。数字信息内容的整合应充分体现信息资源的组织机制，其内容具体包括数据资源的组织、信息内容的揭示以及同一标识系统等。具体表现为以分类法、主题词表等信息组织体系科学地组织各种数据资源，并通过元数据对数据库资源的内容、位置、关系进行揭示与描述，并以 URI/DOI 作为数字信息资源对象的标识基准进行有效链接，使数据信息内容的多重关系在唯一标识符的基础上实现异构系统中的定位和链接，从而使信息内容的整合最终得以实现。

（四）服务流程整合

数字信息资源整合的目的是通过对信息资源内容的分析和重组，建立一个立体网状的数字信息服务保障系统，以更方便、快捷地提供给用户利用。在数字资源整合的不断发展下，人们更加关注对数字信息服务流程的整合，我们可以在数据和内容整合的基础上，对数字信息服务过程进行优化改善。数字信息服务过程的整合可以优化图书馆内部信息组织规则和业务流程，形成规范化的搜索平台和服务流程，提高数字信息传递速度和服务质量，增强图书馆的服务灵活性和信息资源共享能力。此外，数字信息服务流程的优化组合还可以实现个性化信息的推送，提高图书馆服务的自动化水平和整体效率，促进协同服务和合作服务。

（五）服务功能整合

图书馆服务功能的整合是指在数字信息服务业务流程的逻辑层面，对服务功能进行优化和集成。它通过对服务功能进行封装，提供标准化的组件和服务，作为不同应用系统间的标准接口。服务功能的整合应该注意以下几点：①对服务功能进行组件化封装，以提供良好的数字信息服务接口；②注重服务功能组件和服务的统一性，采用通用的方式进行交互；③注重服务功能的稳定性，当组件或服务发生变化时，不会影响连接的组件或服务的稳定。

二、数字信息资源与服务整合的模式

图书馆数字信息资源与服务整合的方式具有多样化和复杂性，往往针对不同的数字信息资源范围、类型及服务对象，选择不同的整合模式，应用或综合使用各项技术解决方案。数字信息资源与服务整合的模式众多，归纳起来大致有两类，即面向数字信息资源的整合模式和面向数字信息服务的整合模式。

（一）OPAC 系统的整合

OPAC 系统（全称为 online public access catalogue system，公共联机书目查询系统），是在对图书馆文献信息资源进行回溯建库的基础上，将数字化的馆藏书目数据以标准化格式进行整合的一种方式，也是图书馆数字资源基本的整合方式。由于该整合模式的实现方式是记录数字资源的存取地址和存取方式，以进行实体的馆藏资源和虚拟馆藏的书目整合，因此，OPAC系统的构建可以使图书馆用户通过统一的检索平台查询、检索和获取相关的文字、音频、视频等信息资源，从而实现馆藏图书与电子图书、馆藏期刊与电子期刊、馆藏光盘资源与随书光盘资源等各种信息资源之间的整合，为图书馆深入提供书目数据服务与信息服务奠定了基础。

OPAC系统的构建有两种：一种是本馆信息资源的书目数据整合，另一种是图书馆之间OPAC系统的书目数据整合。馆际间OPAC系统整合的主要任务是建立联机合作编目、资源共享系统，为图书馆用户提供文献资源的网络公共查询，支持馆际间的联机合作编目，并为成员馆之间实现馆藏资源共享、馆际互借和文献传递奠定基础。

（二）数据库资源导航系统的整合

数据库资源导航整合是指建立起将数据库资源的搜索入口组合到一起的数字资源导航库，依据数字资源的类型、关键词名称、信息主题以及资源标识等内容特征和外部特征来获取数字资源的模式。数据库资源导航整合的目的是通过对图书馆数据库资源的URL建立导航系统，以利于对图书馆庞杂的信息资源进行合理有效的排序和整合，使信息用户能够清晰有序地选择、搜索和使用。所以，数据库资源导航整合系统一般具有字顺浏览、分类浏览、关键词检索这三个基本功能。

数据库资源导航整合模式注重揭示数字资源之间的内在逻辑关系，并构建完整的导航体系结构。如按学科或主题进行数据库资源的内容聚合，以形成数字信息资源的分类导航系统或主题导航系统，为信息用户提供跨库资源的利用途径。又如建立基于外部特征的联系（如字顺）的数据库资源导航系统，以揭示数据资源的外部特征，便于用户从数字信息资源的外部特征上进行利用。同时，也可利用智能整合技术进行数据库资源内容的跟踪、挖掘和导航，解决由于分布式异构数据库带来的关系阻隔现象。数据库资源导航的整合模式能够为信息用户提供多种入口方式，形成多元化、交互式、动态的数字信息资源环境，从而成为数字信息资源整合的主要方式。目前国内外已有较成熟的整合技术和方案，例如在数据库资源导航系统中嵌入图书馆的OPAC信息，实现数字信息资源与馆藏书目信息导航的无缝链接和整合，取得了良好的效果。

（三）数字资源开放链接系统的整合

利用网络超文本链接的技术特征将数字信息资源中的知识点串联起来，形成规范统一、内部联系密切的有机整体，以利于用户更有效地利用数字信息资源，是图书馆数字信息资源整合活动所追求的目标。

数字资源开放链接系统目前主要是通过封闭式静态链接系统、开放式静态链接系统和开放式动态链接系统三种方式来实现。其中先进的是以开放式动态链接为主要特征的 SFX 整合系统。SFX 是一种数字信息资源无缝链接整合的软件系统。它以统一开放的资源定位器（open URL）为标准，上下文具有联系性的参考链接系统，为数字信息资源的整合提供了强有力的链接支持。

（四）数字信息服务流程的整合

数字信息资源整合的目的是建立一个智能化、专业化、个性化的知识服务系统，为用户创造更好的数字化信息资源利用环境，最大限度地满足用户的信息需求是数字信息资源整合的最根本目标。所以，整合数字信息服务就变得更加重要。目前图书馆在发展建设上十分重视开发和整合数字信息资源，但忽视了对数字信息资源服务的整合，存在整合系统服务功能单一，以全文资料的浏览、检索和提供为主，用户利用步骤多，界面不够友好等问题，严重影响了图书馆数字信息资源的利用效率和用户的使用满意度。因此，应树立数字信息资源与服务结合的集成服务理念，强化多种相关服务流程的优化和重组，在构建数字信息资源利用平台的基础上，统一数据采集加工处理流程、统一数据存储管理、统一数据访问和调用接口，充分实现用户信息需求与数字信息资源之间的完全映射和整合，并快速传递用户所需要的数字信息资源，最大限度地满足用户的信息需求。所以，以数字信息资源为基础，以用户需求为导向，以服务流程为重心，以技术为手段，增强数字信息服务平台的功能，创建一个良好的组织和管理环境，是当前各图书馆应该关注的重要内容。CALIS 系统注重优化和重组数字信息资源与服务整合过程中的服务流程，以用户为中心重新设计和建立数字图书馆服务模式，通过门户网站提供集中、统一的用户服务窗口，同时整合多种数字信息资源和服务。这种集中式服务模式为用户提供了交互式、知识导航、统一检索和个性化服务模式。用户能够快速掌握和利用数字图书馆中的各类资源和服务，最大化地利用各大学图书馆的特色资源，提高了 CALIS 系统的易用性和亲和性。

三、实现数字信息服务流程整合的主要技术和方法

(一) 统一检索平台技术

统一检索平台技术是将多种形式、多种类型、分散异构的数字信息资源有机地结合在一起，使用户能够在统一的数据存取模式下通过统一的用户界面完成对不同数据库和网络资源检索的整合技术。其目的是解决因数据库的数据结构、发布方式、检索方式、显示风格等差异，用户在转换数据库时需要退出再重新登录浪费时间、精力的问题，从而实现不同数据格式、不同类型的数字资源的有效对接，为用户提供更方便的一站式的搜索服务。

统一检索平台是一个将多个分布式异构数据源整合到统一的检索接口的系统，使用户可以方便地检索并获取所需信息。它能够将用户的检索请求转化为不同数据源的检索表达式，并同时检索本地和互联网上的多个分布式异构数据源，然后对检索结果进行整合、去重和排序等处理，最终以统一的格式呈现给用户。这些检索结果不仅可以帮助用户充分利用数据库资源，还可以作为与用户需求相关的信息内容链接起点，进一步链接相关内容的数字资源。由于统一检索平台的技术能够有效地解决数据库资源的统一检索入口问题，因此也被称为异构资源检索或跨库检索。

统一检索平台的结构一般分为三层，分别是请求转发层、统一检索业务层和数据库层。请求转发层以用户需求为基础，对用户请求进行分析及审验；统一检索业务层对接查询请求，并按照经过验证的用户需求，将其转换成不同的查询格式，对数据库层中的不同数据库进行检索；数据库层包括各种结构的数据库。

(二) RSS 内容聚合技术

RSS 有多种含义，既可以是"rich site summary"（丰富站点摘要）或"RDF site summary"（RDF 站点摘要），又可以是"realy simple syndication"（真正简易聚合）。从根本内容上来看，RSS 是表示互联网连锁数字资源传递的一种模式，是站点与站点之间共享信息内容的简易方式。由于 RSS 是一种简单、基于 XML、用于元数据描述的技术规范，其主要功能体现在互联网信息发布和聚合网络信息内容上，所以也被人们称为聚合技术。同时，RSS 可以根据用户网络信息定制的内容进行及时、主动的推送，节省了用户查找目标信息的时间，为用户提供了统一的数字信息获取模式，为实现个性化的信息推送服务提供了条件。

RSS 技术在数字资源服务流程的整合中具有以下三个重要的功能。

1. 过滤和聚合专业知识信息

由于 RSS 作为描述信息资源集合的元数据集，以建立开放、规范的频道描述框架和内容收集机制为目标，为更精确地聚集信息提供了可能。它可以直接根据元数据进行检索，从而避免了大量冗余和繁杂的信息内容。目前，已经出现了一些专业 RSS 搜索引擎，即把相关的 RSS 频道所提供的信息采集在一起，通过加工分类和索引提供一站式服务，增强了 RSS 的搜索和聚合功能。

2. 整合个性化阅读制定

RSS 将网站上的信息资源集合，是将多个频道元素和资源子元素进行组合并组织形成一个内容描述文件（RSS Feed）。通过 HTTP 方式发布后，RSS Feed 就可以被其他网站推广或整合，或者可以由个人通过 RSS 阅读器来获取。因此，RSS 技术具有了个人定制的功能。用户通过 RSS 可以从专业网站、论坛及博客等不同的信息传递渠道中订阅所需要的专业新闻、学术帖子等信息资源，创建独属自己的频道组，通过阅读器查看自己所需要的数字信息资源。这种个性化的阅读定制相当于建立了一个适用于个人的专业信息门户，既节省了用户查找信息的时间，又方便了用户个性化阅读和利用。

3. 整合信息推荐和推送

RSS 实际上是一种元数据，其产生和发展的目的是解决用户特定的信息需求与繁杂的数字资源查找与利用之间的矛盾，提高数字资源传递和利用的效率，它与图书馆服务的根本目的是一致的。因此，图书馆通常遵循主动服务的原则，利用 RSS 技术主动地为用户推荐数字资源，并进行快速的信息推送服务，以提高数字资源服务的时效性。如利用 RSS 信息发布功能向用户推荐图书馆收藏的最新资源和试用数据库，也可以依据不同的查询条件利用动态网页技术来创建不同学科分类的 RSS Feed，为用户提供定制使用服务。同时，RSS 作为信息发布者和信息接收者的桥梁与中介，增强了图书馆信息推荐和推送服务的互动性，提高了图书馆数字资源服务的价值。如利用 RSS 技术发布交流信息，可扩展图书馆的虚拟参考咨询服务，为工作人员和用户营造知识交流的互动空间。

（三）SOA 服务构架系统

SOA（面向服务的架构）是一种软件系统框架，其中的服务被封装为独立的部件，SOA 实际上是由多个相互交互的服务组成的集合。在这种系统中，构建的服务可以使用统一和标准的方式进行通信，也可以调用多个服务进行协同工作。SOA 系统框架的所有功能都被定义为独立的服务，具有明确定义的可调用接口，用户可以按照定义的顺序调用服务来形成业务流程。此外，SOA 支持业务伙伴之间终端到终端地集成，为信息服务系统提供了灵活的业务流程模型。SOA 框架能够提供可重用的服务，增加系统的灵活性、可扩展性和可维护性的同时提高了业务流程的效率。因此，SOA 整合的分布式信息服务系统是标准化、松散耦合及跨平台协同运行的系统，具有统一性、可重用性、可扩展性、运行效率高的技术特点。与其他服务流程整合的系统相比，SOA 构架的信息服务系统具有以下优势。

1. 规范化的体系结构

只要符合 SOA 系统的相关标准，无论什么时间或利用什么工具开发的组件都可以被纳入其中，而且，因为它以业务流程为中心，其应用程序可由不同的组织进行分解开发。

2. 易于集成现有系统

采用 SOA 开发的应用程序可以作为独立的应用程序，也可以作为一项服务这意味着可以快速地将它转换为服务而无须修改现有的应用程序，只需要对服务接口进行封装，就可以访问原有的旧系统。

3. 加快开发速度

对现有的服务和组件进行重用，可以降低团队在学习新知识和技术上的难度，同时也能够缩短应用程序设计、开发、测试和部署的时间。这是因为重用已有的服务和组件能够帮助团队避免重复制造，提高开发效率和速度。

4. 减少成本，降低风险

将旧有系统封装为服务并进行重用，可以利用现有的基础设施和资源，避免重复开发，显著降低创建新应用的成本，同时也能够减少管理和维护支持服务基础架构所带来的风险。

应该看到，我国数字信息资源与服务的整合尚处于发展阶段，还需要全面规划和协调组织，在加强数字信息资源分工合作的基础上，加强数字信息资源与服务动态链接环境的建设，并按照一定的知识管理规则和服务目的有机地连接成一个整体，灵活地无缝整合不同系统的数字资源和服务，以构建科学高效的数字信息资源与服务平台。首先，应制定数字信息资源与服务整合的建设目标，建立有效的数字信息资源与服务整合的社会机制和技术标准，完善数字信息资源建设的政策保障体系。其次，加强数字信息资源与服务整合的标准化建设，遵循标准化的规范体系，促进不同技术平台和不同系统之间数字信息资源的自由流动，为信息用户提供丰富的数字信息资源保障体系。最后，高度重视数字信息服务整合的作用，在信息需求和信息技术驱动下，关联和整合数字信息服务方式，构建更多面向用户需求的信息服务集成系统，为用户最大限度地获取数字信息资源提供快速的、无障碍的、一站式的数字信息服务。

第四章　高校图书馆服务及其创新研究

第一节　高校图书馆实施服务的必要性

一、知识经济对高校图书馆的要求

新时期，图书馆不仅是促进科技进步和文明的繁荣的重要力量，还是推动社会发展的重要驱动力。随着知识经济的迅速发展，高校图书馆的地位也日益提升，由经济建设的后台转变为前台，由科技发展的后勤保障部队转变为前沿战斗部队，从学术性服务机构发展为综合性服务机构，涵盖学术、服务和产业等多个方面。

知识经济时代，知识与经济深度融合，知识已成为推动社会发展的重要经济因素、创造社会财富的重要战略资源。数字经济依托知识和信息，将自然资源、社会资源合理配置，实现了资源的优化利用。知识经济范畴内的知识资本和知识产品都具有高增值的特征，因此，在现代社会，知识被视为最具扩张能力的资本和最具市场潜力的"工具"，被视为社会的灵魂，在社会发展中发挥着越来越重要的作用。社会的知识意识逐渐增强，人们对知识的渴求也日益强烈。在这种背景下，图书馆作为一个拥有丰富学习资源的场所，将在全社会追求知识的过程中扮演着重要的角色。

知识经济的发展要求知识和经济相互融合，高校图书馆在这一过程中发挥着重要作用。过去，高校图书馆主要提供文献信息检索服务，用户通过阅读、分析、判断和整理获取知识。教师和科研人员利用获取的知识进行教学和研究工作。随着信息技术的迅猛发展和信息资源的不断增加，知识的获取变得更加广泛和快速。知识成为生产力的关键要素，因此竞争的焦点在于知识的收集和知识的创新能力。传统的获取知识方式已经无法满足知识创新的需要，因为信息技术的迅猛发展和信息资源的急剧增加使得用户很难在短时间内通过阅读、分析、判断、整理文献信息来获取知识。因此，高校图书馆必须改变传统的收集、保存文献、借阅服务的基本职能，建立以知识信息的收集、分析、处理、存储、传播和咨询服务为主的知识服务体系，以适应社会对知识创新的需要。过去评价图书馆办馆质量的标准是采集能力，而现在评价的标准是知识导航能力。知识服务的核心是知识导航，只有成功的知识导航才能反映出知识的管理成效。随着社会的发展和科技的进步，信息的数量迅速增长，尽管有着丰富的信息资源，但有效利用信息却面临着很大的困难。高校图书馆必须认识到，其核心能力并非所拥有的资源，而在于其能够被利用广泛的信息资源，以及为用户提供具有创造价值的知识。因此，图书馆应该注重培养和发展自身的核心能力，借助计算机技术和网络技术，提高信息化服务的智能化程度，发挥信息采集、组织和检索的优势，充当优秀的知识导航员，以适应知识经济时代的需求，并找到自己的发展方向。

高校作为知识和技术创新的中心，需要将知识创新和经济发展紧密结合起来，实现产、学、研的一体化。高校图书馆作为高校信息资源的集合地，在知识创新中扮演着重要角色。由于知识经济的核心是知识创新和应用，而知识传授是连接这两者的关键，因此高校图书馆需要发挥知识服务的作用，促进知识的创新、传授和应用。在这个过程中，高校图书馆需要与其他部门紧密合作，借助信息技术，提供智能化的服务，满足用户的需求。作为高校教学和科研的信息基地，高校图书馆承担着促进知识传播和创新的重要职责。除了为学生提供基本的教学服务外，高校图书馆还能够通过培养学生的信息能力和提供全过程的信息保障与知识服务，为科学研究提供支持，并推进多学科的科学研究和高层次人才培养，从而促进科技进步和知识整合，为新知识的产生创造条件。

二、高校图书馆中大数据的价值

（一）高校图书馆大数据应用的价值定位

高校图书馆的大数据应用具有多种属性，包括生产要素性、数据恒温性和价值潜存性。这些属性使得图书馆能够利用大数据为用户提供个性化服务，进行服务供应和推送，预测和规避服务风险，并实现服务融合和变革。因此，数据已经成为当前高校图书馆建设的重要因素之一。而图书馆要想准确发现并充分发挥数据的潜在作用，需要高效、科学地整理数据，并发现和充分挖掘数据的潜在价值。近几年，图书馆数据的结构变得越来越复杂，非标准化数据也越来越普遍。因此，有效整合结构化和非结构化数据、标准化和非标准化数据、单一渠道和跨渠道数据，已成为增强图书馆数据开放性、可用性和准确价值定位的重要前提。只有这样才能更好地利用大数据为用户提供个性化服务，并实现服务融合和革新发展。

（二）强化云计算对高校图书馆大数据平台的服务支撑与保障作用

由于高校图书馆的大数据具有容量广阔、数据结构多样、价值密度低和处理即时的特点，因此其在存储、管理和利用三个方面都面临着较为突出的矛盾。为了解决这些问题，云计算技术能够提供服务支持和保障，使得高校图书馆能够更好地利用大数据，实现数据的协调整合和有效应用，从而为用户提供更好的服务。在大数据时代，高校图书馆需要关注如何有效利用云计算技术在海量数据存取、整理和网络传送方面的技术优势，以提高图书馆业务分析、管理和决策的科学性与有效性。因此，云计算技术在图书馆应用中的重点问题是如何充分发挥其技术优势，从而实现更好的数据存储、管理、计算和传输，以支持高校图书馆业务的发展。

高校图书馆云数据中心的突出特点是云资源的多用户共享和动态分配。为了更好地发挥云计算技术的效用，在数据挖掘、存储、处理、分析和决策的过程中提高其应用效率和精确度，高校图书馆首先应该采用分布式计算方式，充分利用云资源。这样可以为图书馆管理、运营和未来发展提供决策支持的数据。其次，高校图书馆还应该利用云计算技术提供的较高服务可用性和快速交付的特点，降低大数据管理的复杂度，并不断提高大数据资源的利用效率、价值可用性和数据清晰度。通过使用云计算技术，高校图书馆可以更加快速地完成交付服务，同时提高数据的清晰度和可用性，为用户提供更好的服务。最后，高校图书馆必须建设具有高安全性、高应用性、高经济效益性和可协调性的云计算平台，为图书馆大数据的使用提供可靠的实现环境。同时，高校图书馆还需要不断强化大数据环境的智能化管理水平，确保管理员能够凭借完整的图书馆业务数据视图，获得对未来发展的敏锐洞察力，将数据信息的价值有效转化为读者服务的保障力，进一步提高图书馆的服务质量和用户满意度。

（三）大数据应该重点关注读者的个性化阅读需求

在大数据时代，图书馆应当聚焦读者的个性化阅读需求，以提供更加精准和精细的服务为目标进行运营方式的转变和服务模式的变革。为此，需要利用大数据技术对读者阅读行为和阅读偏好进行深入分析，以便为读者提供个性化的阅读推荐和服务。这也是图书馆在大数据时代需要重点关注的方向。当前图书馆大数据的获取呈现出分散性和不确定性的特点。因此，如何准确划分用户数据类型和信息颗粒度大小，成为提高服务系统服务能力、了解读者阅读需求、优化图书馆与读者信息交互反馈效率、提高用户个性化阅读准确度和满意度的关键。

在建设大数据平台时，图书馆应避免出现数据孤岛，并应与其他服务提供商共享数据，以提高大数据分析和决策的准确性。根据大数据分析得出的读者阅读需求信息，图书馆要将提供的服务产品与读者需求紧密结合，并根据用户需求的变化动态调整产品内容。这将有助于提高服务的精准度和满意度，提高用户忠诚度和阅读体验。在大数据时代，图书馆应该通过用户行为监测、数据共享、问卷调查、社交媒体等多种方式，不断改进用户数据搜索和信息分析的方法。这些方法可以提高对读者群服务的广度和深度，确保图书馆个性化服务判定、决策和推送过程的智能化和即时化。此外，图书馆还应将大数据应用于用户满意度调查、阅读行为分析、服务质量评估等方面，以不断优化个性化服务的质量和效果。此外，图书馆在获取读者阅读行为数据和个人信息时，需要遵循隐私保护原则，加强对读者隐私和重要数据的保护。同时，图书馆还应该注重加强读者隐私数据访问权限与内容管理，并重视服务系统的安全性和重要数据的加密工作，以保障用户的隐私和数据安全。这是提高用户对图书馆信任度和保障图书馆个性化服务实现的重要手段。

（四）利用大数据技术预测并降低图书馆运营风险

随着图书馆读者需求和服务模式的变化，数据中心的 IT 基础设施运营和管理变得越来越复杂。因此，图书馆的阅读活动和运营服务面临较大的风险。为了降低这些风险，可以利用大数据技术进行预测和分析。具体可以通过模式识别、回归分析、文本分析、社会数据聚集和情感分析等方法，对读者和图书馆进行全方位的阅读与运营活动风险监控、预测和防范策略制定。采用这些方法可以帮助图书馆及时发现问题并采取措施降低风险，进而提升服务质量和读者满意度，提高图书馆的运营安全性和读者阅读体验。

随着 IT 新技术和服务模式的不断变革，图书馆服务运营商和不同地区集团联盟之间的竞争和合作将进一步加强。在这种竞争和合作的背景下，专业化和垄断经营将成为未来图书馆服务发展的主要趋势。为了显著提高高校图书馆的服务能力和市场竞争力，图书馆管理者可以将图书馆内部和外部的各类数据进行整合，包括图书馆馆藏、读者借阅记录、学术论文、学科发展预测趋势报告等，利用大数据分析算法挖掘潜在的信息需求，以更好地了解用户行为和阅读偏好，进而优化服务策略；也可以根据大数据分析所得出的用户特点与偏好，提供具有针对性的个性化定制的服务，如推荐与客户需求相关的书籍、期刊、学科研究资源等，使读者感受到更高质量、更人性化的服务体验，提升用户满意度。还可以利用大数据技术对馆藏资源进行动态管理，精确预测需求，优化图书采购和配置，减少资源浪费，提高资源利用率，以更高效的方式满足读者的阅读需求。此外，也可以优化自身图书馆的运营流程，提高运营效率，降低成本，并与其他高校图书馆和知识机构进行数据共享与合作，拓展服务范围，增强综合竞争力。总而言之，综合利用大数据技术，高校图书馆可以为读者提供更智能、更个性化的服务，在数字化时代保持先进地位。

第二节　智慧化学科服务发展与体系构建

信息化与数据资源环境的变化，使得各类科研要素（数据、文献、硬件设施、机构、人员等）日益走向信息化和数字化。一方面，数字化的数据海量涌现，可视化工具的出现使得数据的挖掘、模拟、仿真与试验成为现实，科研本身在悄悄地发生变化；另一方面，数字网络技术的发展，使得科研人员获取知识与数据的方式也发生了巨大的变化。各种公开网站、开放获取平台等使研究者的自我驱动与自我组织能力不断增强，兴趣与问题驱动式学习促进了创造性地修正、回答与解决问题，进而构建新的知识体系。

面对大数据环境，高校的学科服务也要进一步创新。它不仅需要有效组织数字知识资源环境，灵活组织各类信息资源体系，支持用户进行知识挖掘、计算、试验与评估，而且需要馆员深度理解信息资源结构与规律，熟练应用数据挖掘与分析工具，以专业的学科信息资源分析专家的身份协助学科服务对象，构建智慧化学科服务体系。

一、智慧化学科服务建设的框架内容

智慧化学科服务注重以人为核心，从科研用户的实际需求出发，设计和

调整服务内容和方式。它利用各种资源、工具、方法和专业知识，为用户提供高质量的学科信息服务，旨在满足用户的需求并提升服务体验。

（一）基于资源搜索与使用的参考咨询服务

大数据具有开放性、跨界连接性和易获得性。大数据的挖掘和分析，可为图书馆参考咨询服务提供一定的参考和良好的预测依据。在大数据环境下，图书馆应紧跟教学科研需要，借助大数据分析技术（包括机器自学习分析、数据挖掘、统计分析），有效了解科研教学用户的数据信息需求及存在的问题，及时解答相关问题并提供优化的数据利用解决方案。

（二）基于数据获取与处理的数据素养服务

大数据时代使得数据不再仅仅是最终目的和结果，数据的价值主要在于它的使用，而非占有。为此，在大数据时代，学科馆员应努力帮助用户提供基于数据获取与处理的数据素养服务，帮助高校师生挖掘数据的潜在价值，提高数据的利用效率。数据素养服务主要体现在数据解读、数据管理、数据利用、数据评价等，强调对数据的操作和使用，还包括数据的伦理道德修养、数据存取等。学科馆员要具有高效发现、评估与使用信息和数据的意识和能力。

（三）基于文献信息与数据的学科支撑服务

在大数据时代，随着数字图书馆的普及，高校图书馆借助学校网络、数据服务商等的网络技术优势和电子资源优势，开始向用户提供越来越多的资源与信息。但要想真正对学校的教学与科研机构提供定位准确的信息资源，必须创新服务内容与模式，充分利用现代信息技术和学科馆员的专业素质对图书馆的服务进行提升与拓展。大数据时代的智慧化学科支持服务就是高校图书馆根据学科教学与科研计划、安排，有组织地开展旨在帮助教师、学生和科研人员改善与提升教学、学习、科研的活动，实现教学、科研目标及世界一流学科建设。

（四）基于数据挖掘与分析的决策支持服务

在大数据时代，科研数据成果的统计与整理，对学校的学科建设与发展起到至关重要的作用。基于数据挖掘与分析的高校图书馆决策支持服务是指利用数据挖掘技术和数据分析方法，对大量数据进行分析，以提供决策者在做出决策时所需的关键信息。这种服务通过从海量数据中发现模式、规律和趋势，帮助决策者做出明智、科学的决策。比如，通过分析读者借阅记录和检索行为，识别用户阅读偏好和需求，帮助图书馆制定更精准的图书采购计划和服务策略；或利用数据挖掘技术，分析学科研究趋势和前沿动态，预测未来的阅读需求和学科发展趋势，为图书馆改进服务以及规划发展战略提供数据支持，为学校科研决策和学科发展提供智能支持。

（五）基于数据服务与反馈的个性化服务

个性化服务是大数据环境下学科服务的必然趋势，是满足科研工作者和师生多样化、专业化科研教学需求的高层次学科服务模式，能够帮助用户在有效的时间内得到精准、正确的信息资源。其主要任务是构筑一套追踪用户需求、了解用户研究方向、推送数据资源服务的反应机制，打造图书馆资源与用户之间的沟通桥梁，随时随地解决用户咨询问题。它的主要内容包括个性化数据信息追踪推送服务、科技查新与论文收引创新服务、数据资源的跨库检索服务等。

二、大数据时代高校图书馆建设与发展的整体规划

图书馆是高校的标志性建筑，相当于学校的"名片"，世界上任何一所著名的大学都有一个独特别致的图书馆。随着大数据时代的到来，我国高校图书馆建设与发展的整体水平，正在步入一个快速发展的黄金时期，由借阅服务型 2.0 版向开放共享型 3.0 版转变。

（一）硬件设施更新速度加快

随着大数据时代的发展，高校图书馆硬件设施的更新速度加快。因为大数据时代要求图书馆提供更多数字化、智能化的服务和资源，为学生和教师提供更高效、便捷的学习和研究环境。这意味着图书馆需要持续更新硬件设备，以适应不断变化的技术和用户需求。当前，很多高校的图书馆都采用了现代化的建筑设计风格，并对内部设施进行了升级改造，比如按照国家统一标准，将消防设备、安全监控等设施加以完善，满足了大数据时代的发展需求。

（二）软件系统升级同步

在高校图书馆中，软件系统是至关重要的核心部分。高校图书馆软件系

统的升级通常是随着硬件设施的建设同步进行的。随着硬件设施建设速度的加快，图书馆会将软件系统进行升级，以确保其与硬件设备相匹配，充分发挥其应有的效能。通过同步升级软件系统，图书馆能够保持与大数据时代的步伐相一致，从而提供更快速、精准的数据分析和更高效的管理服务。比如有些高校图书馆的消防、安全监控系统就通过手机与管理部门实现了互联互通。有些高校则更换了 RFID 智能系统，实现了自助借还图书服务。这些软件系统的升级和更新，提高了图书馆的运行效率和服务质量，适应了日益变化的信息化需求。

（三）资源建设规模扩大

在大数据时代的推动下，高校图书馆的资源建设规模不断扩大。高校图书馆将资源建设作为重要任务，致力于增加馆藏资源的数量和种类，以满足学生和教师不断增长的学习和研究需求。馆藏资源的扩大包括纸质图书和电子文献资源两方面。图书馆不仅增购了大量的传统纸质图书，而且积极获取和订购各类电子文献，以适应数字化学习和研究的趋势。同时，高校图书馆也注重保护和珍藏传统文献资源，加强馆藏管理和技术标准的规范化，确保图书馆馆藏的完整性和可持续性。在特色资源建设方面，图书馆不断推进各类特色项目，如经典书库、红色书屋等，以丰富馆藏资源，以提供更多具有独特价值和吸引力的文献资料。总的来说，高校图书馆资源建设规模的扩大是为了满足用户的多样化需求，提升学校整体的学术和教学水平，使图书馆成为学校知识传播和创新研究的重要平台。

（四）服务功能显著增强

随着大数据时代的发展和技术的进步，高校图书馆的服务功能显著增强。图书馆从过去仅提供传统的借阅服务，逐渐转变为向读者提供更为综合和多样化的服务。首先，图书馆已经从单一的图书借阅向提供丰富的信息资源服务拓展。读者不仅可以借阅纸质图书，还可以利用图书馆提供的电子文献资源进行在线阅读和下载。这样的举措大大扩展了读者获取知识和信息的途径，提升了图书馆的学术价值。其次，图书馆利用互联网交流平台，建立了官方公众微信号等在线渠道，使用户可以方便地通过移动终端进行检索查询、资源下载等服务。这种方式的推行为用户提供了更灵活、更便捷的服务体验。最后，图书馆还注重休闲服务功能的建设，设置了"时光书咖"、3D 学习演示厅、健身书房等项目，为读者提供了学习与休闲相结合的环境。这样的设计吸引了更多读者前来图书馆，提高了服务的吸引力。总的来说，高校图书馆的服务功能显著增强，不仅满足了读者的知识获取需求，还提供了更丰富的学习和休闲体验，使图书馆成为学校教育和文化活动的重要平台。

三、大数据时代下高校图书馆建设与发展的方向

高校图书馆能否成功地适应数字化时代的需求，提供高效、智能、便捷的服务，将直接关系到图书馆在大数据时代的生存和发展。因此，图书馆应积极创新服务模式，推动数字化转型，不断拓展数字资源，提高服务质量，以满足读者在高速发展的信息时代的多样化需求。

（一）平衡发展

在大数据时代，高校图书馆需要实现平衡发展，以适应快速变化的信息环境和满足不断增长的用户需求。首先，高校图书馆要平衡传统服务与创新服务。传统借阅服务仍然重要，但在大数据时代，图书馆也应积极推动创新服务，如数字化资源访问、知识管理工具、数据分析服务等，以满足学术研究和教学的不断发展需求。其次，高校图书馆需要平衡学科资源的开发。不同学科领域的需求和发展速度各不相同，图书馆要根据学科特点合理配置资源，为不同学科领域的用户提供个性化的支持和服务。最后，高校图书馆还要平衡技术投入和人才培养。在大数据时代，图书馆需要投入更多的技术设备和系统，但同时也要培养图书馆员的技术和信息素养，使他们能够更好地运用科技手段提供优质服务。总的来说，高校图书馆在大数据时代要实现平衡发展，不仅要跟上科技发展的步伐，还要紧密关注用户需求，持续创新和优化服务，以成为高校教育的重要推动力量。

（二）数字化信息资源和传统纸质资源并存

在大数据时代下，高校图书馆的发展要实现数字化信息资源与传统纸质资源的并存，以充分满足用户多样化的学习和研究的需求。数字化信息资源具有便捷、快速、实时获取的优势，能够满足用户在大数据时代对即时知识和数据的需求。所以图书馆应加大对数字化信息资源的建设和获取力度，对电子期刊、数据库、电子书籍、学术论文等数字化资源进行系统化的收集与整理，并加强数字化技术的应用和推广，为用户提供更便捷的数字资源访问和利用方式。通过优化检索系统、建设数字阅览室和学术知识库，

提供在线服务和远程支持，帮助用户更好地利用数字化信息资源。与此同时，图书馆仍应坚持传统纸质资源的收集与整理。纸质图书作为图书馆发展的传统基础，依然有着不可替代的重要作用。部分用户对于纸质图书的阅读体验和学习感受更为偏爱，因此保留传统纸质资源也是十分必要的。

（三）开放共享

大数据时代的主要特点就是信息资源开放共享。随着国家推广全民阅读活动的深入开展，公共图书馆建设进入一个新的发展阶段。开放共享信息资源不仅是图书馆的主要职能，也是图书馆建设与发展的主要方向。而在大数据时代，高校图书馆信息资源的开放共享程度，既代表图书馆建设与发展的水平，又体现图书馆的生存价值。虽然现在高校图书馆开放共享信息资源的程度较低，也面临着许多技术方面的问题和实践操作方面的困难，但在不久的将来，相信师生在校园内能够像骑共享单车一样，实现随时"扫码借书"和"马路阅读"。

（四）精准服务

在大数据时代，高校图书馆要做到精准服务，以满足用户个性化、多样化的需求。对此，高校图书馆可以利用大数据技术，收集、整理和分析用户的阅读偏好、借阅记录、检索行为等信息，了解用户需求并为其提供更个性化的服务。也可以提供定制化的服务，如文献传递、图书馆导览、学术咨询等，根据用户的具体需求提供个性化的解决方案。与此同时图书馆应提供培训和指导，帮助图书馆馆员具备学习和掌握新技术、新媒体使用的能力，培养其模板制作、资料翻译、活动策划、数据分析等业务技能，提升其业务技能，适应时代发展的要求。

（五）智能运行

大数据时代的智能化社会，正以难以想象的速度悄然向我们走来。数字化校园还没有完全定型，很快就要被智能化校园取代。智能化图书馆是智能化校园的重要组成部分，也是智能化校园的重要标志。日益成熟、迅速普及的物联网技术，为智能化图书馆建设提供了可靠的技术保证，从需求汇总、签订合同、招标采购、入馆分类、编码上架，到信息检索、资源查询、图书借还，都将实现移动终端智能自助运行。建设完全智能运行的图书馆，是高校图书馆人服务读者的目标追求。

第三节　高校图书馆的知识服务

一、知识服务机制

（一）基于知识管理的知识服务机制

高等学校图书馆提供知识服务活动是一个有机的大系统，其机制是指支配这个系统运转的各要素相互影响的工作理念、经营文化和工作流程等。基于人本管理理念分析高等学校图书馆开展知识服务活动的机制包括四个方面：有效管理已掌握的文献资料、为工作人员提供培训、奖励并改善其服务对象的工作能力，以及及时获取服务对象的反馈信息。影响图书馆知识服务质量的因素有多种：从微观层面来看，图书馆的知识资源建设对用户获取满意的服务结果至关重要，这包括馆藏中是否有用户需要的文献等。而从宏观层面来看，影响图书馆知识服务质量的要素包括服务人员的态度、知识水平、综合素质等。因此，对这些要素知识化管理是非常必要的。在选择有效的高等学校图书馆管理模式时，有些机构注重对馆藏文献资源进行良好管理从而为用户提供服务。这种类型的图书馆倾向于采用编码模式的管理机制，注重对信息技术、硬件环境、有形资产等方面进行投资。另一些图书馆则更注重以人为核心，从知识服务活动中的人员角度出发，一方面充分保障服务人员的劳动有所回报，另一方面保障用户的知识信息需求能够得到合理满足。总的来说，随着知识经济的发展，用户对高校图书馆的知识服务提出了新的要求和挑战，因此，图书馆应采用以人为本的知识管理机制，全面管理知识服务活动，为用户提供高效的知识服务。

（二）学习与培训机制

高校图书馆需要建立学习和培训机制的主要原因在于，在当前高度知识化的时代，知识更新速度加快，知识很容易过时。对此，图书馆服务人员和用户都需要不断学习并及时接受培训，吸收新知识，提高工作能力，以在激烈的职业竞争中保持竞争力。因此，建立学习与培训机制成为不可或缺的一环，以确保高校图书馆的服务水平和竞争力不断提升，能够更好地满足读者的需求和服务要求。其中一线岗位工作人员作为高校图书馆的重要组成部分，他们需要具备扎实的情报理论知识，熟练掌握知识检索技能，能够对采集到的知识进行分析、整合和创新。因为只有具备这些基本能力，他们才能够更好地为读者提供优质的服务，也能够更好地应对图书馆管理工作中的各种挑战和问题。因此，对于高校图书馆的工作人员而言，不断提升自身的专业素养和技能水平，是十分有必要的。

在知识经济时代，新知识的不断涌现意味着旧知识迅速过时。基于此，高校图书馆就更需要建立有效的学习与培训机制来保证服务人员及时学习新知识和掌握新技能，例如可以制订规范的学习计划、鼓励服务人员自主学习、参加培训和交流活动等。也可以利用外出培训、学者讲座、专家学术报告等方式，为全体馆员提供学习机会，促进他们专业素质的提高，培养现代专业性知识服务人才。并且，为了应对知识快速更新的时代，应该制定制度规范，鼓励服务人员自主学习，并通过外出培训、学者讲座、专家学术报告等方式提高专业素质。同时，通过开设常规信息检索课程、举办讲座等方式培养用户的信息素养和知识能力，提高用户对图书馆的利用率，以此来健全学习与培训机制，激发知识服务人员与用户的学习热情和动力，从而培养出适应知识化时代发展的优秀知识服务人才。

（三）激励机制

对于图书馆的知识服务人员而言，一个合理的激励机制可以有效地激发他们的服务热情，让大多数服务人员以良好的服务态度参与为用户服务的活动中，并追求更好的服务绩效，以期提高用户的满意度。有效的激励机制，不仅可以激发服务人员的积极性和创造性，提高服务质量和效率，还可以促进图书馆知识服务事业的稳步发展。在图书馆知识服务中，服务人员通过智力劳动提供服务，因此图书馆在制定激励机制时应充分重视服务人员的劳动价值，并考虑他们所提供的服务的质量和价值。为了激发服务人员的工作热情和提高工作效率，可以通过提供适当的物质或精神激励来奖励他们的优秀表现和成就。要想保障馆内知识服务活动的顺利开展，图书馆则应该遵循人本管理原则，关注服务人员的身心利益，确保他们的工作环境和工作条件能够得到充分的改善和保障。

在高校图书馆中，知识服务人员的激励机制应当综合考虑物质激励和精神激励两个层面，这两个层面都是构成激励机制的重要方面。物质激励可以通过薪酬、福利、奖金等方式实现；精神激励则可以通过荣誉、表彰、晋升等方式实现，旨在激励知识服务人员为用户提供更好的服务，提升图书馆整体服务水平。图书馆知识服务的物质激励包括提高薪酬、发放奖金等，管理层可以通过制定"知识开发补偿""按贡献大小实施分配""学历提升奖励"等制度的形式，从物质层面激励并保障全体服务人员积极参与知识服务活动。除了物质方面的激励外，对于图书馆服务人员，还应给予精神层面的激励。精神激励主要关注服务人员的情感、理想和人生价值等方面，以激发服务人员的积极性和创造力。例如，可以为服务人员提供职业发展规划和培训计划，鼓励他们参加学术交流和团队活动，以提高服务质量和自身能力。还可以通过表彰优秀服务人员、建立荣誉制度等方式，激发服务人员的自豪感和荣誉感，增强他们的工作满意度和归属感。除此之外，要想更好地从精神层面对服务人员进行激励，还需要优化图书馆内在的知识服务机制，比如改善办公环境、推动建立良好的工作关系、制定适度的绩效目标等，以此来慰藉服务人员的心理情绪，激发其使命感和内在驱动力，从而达到更好的服务效果。

（四）反馈机制

高校图书馆想要提高知识性的服务质量和保证服务的有效性，就需要获得服务对象的及时反馈。面对生活和学习中无法解决的问题或困惑，服务对象会向一线的工作人员寻求帮助。但是，图书馆的馆藏资源是有限的，服务人员的知识储备和能力素养可能达不到用户的要求，其实际的工作很难一次性使客户获得满意的效果。尤其是面对科研人员的服务要求时，其要求的专业的、深层次的服务，一线工作人员很难满足。因此，高校图书馆要尽快完善反馈机制，保障服务人员在为用户服务前就能够接收服务信息，并获得知识产品的解决方案，这样就可以保证用户获得满意的答复以及解决问题的有效途径，提高客户的满意度，也能促使高校图书馆的服务人员在不断积累经验的过程中改善服务质量，为图书馆收集和整理用户问题、建立知识库提供便利，以便图书馆可以为未来有同样需求的客户提供针对性的服务。因此，高校建立高效的信息反馈机制有利于服务人员第一时间了解、融入客户的需求情境，将知识服务有针对性地反馈给用户，解决用户的问题，使用户真正满意。

图书馆提供的知识性服务是否有效与服务对象反馈机制的好坏有密切联系。想要获得良好的服务对象的反馈交流渠道要保持通畅，令工作人员能及时获得用户的信息，用户也能及时获得工作人员提供的信息服务以及解决问题的方案。首先，图书馆服务人员在了解用户需求，为其提供服务后，掌握用户对服务的建议和评价是改进图书馆服务质量的关键信息；其次，从图书馆的视角来看，图书馆的服务人员应当积极主动收集和归纳用户的知识搜索以及使用行为信息，主动融入用户的需求情境，以求满足用户的实际需求；最后，在用户与图书馆服务人员的交流互动中，服务人员要秉承着公正客观的行为准则，友好地与用户进行交流，尽量避免因个人情绪、个人喜好为互动环节带来不良影响。

（五）基于知识管理的高校图书馆学科服务机制

1. 学科服务机制定义

学科服务机制的本质是科学服务系统的功能、运行原理以及内在联系，它包括学科服务的结构和运行的机理。学科服务的主要机制是为高校图书馆的管理者提供服务。学科服务机制是通过将知识的管理理论引入其中，帮助图书馆的管理者从整体上为建设图书馆的学科服务提供理论指导，并为未来图书馆的服务工作提供理论依据，引导学科服务发展，为客户提供更优质的服务。

2. 学科服务与知识管理

图书馆知识管理有广义和狭义之分。广义概念上的图书馆知识管理，是关于管理与研究图书馆内与知识应用和传播相关的所有活动，这就意味着，在知识管理过程中，图书馆学科服务机制是研究和管理图书馆内的所有服务活动和规律。狭义的图书馆知识管理指的是管理图书馆知识本身。这种管理是管理知识的一系列生产过程，包括生产知识和获取知识、组织和储存知识以及知识的传播和交流等活动。换言之，在知识管理过程中，图书馆学科服务机制是研究学科服务的知识库。所以，在学科服务的过程中应用知识管理，一方面需要在学科服务系统中运用相关的信息知识，另一方面需要在学科服务运行机制中运用管理的研究策略。

图书馆知识管理是图书馆以满足用户的知识和信息需求为目标，通过使用各种理论与技术管理知识，从而发挥各种职能和功能的活动。简言之，就是高校图书馆对知识的综合管理，管理的过程需要利用现代的科学技术来完成目标。图书馆对知识进行科学管理，不仅能够提供合理的管理策略，还能够打破目前图书馆落后的信息资源开发局面，实现图书馆从收藏到使用、从文献到资料、从普通工作人员到专业馆员、从被动收藏文献到主动搜集知识、从封闭的知识闭环到知识的公开共享功能的转变。图书馆使用知识管理理论，可以改进其传统思维管理模式，在创新知识管理的同时，创新服务意识，满足用户的个性化需求，重新回归高校图书馆的本宗，为用户提供更符合要求的服务。

二、高校图书馆学科知识服务系统的构成

高校图书馆学科知识服务系统由学科知识服务用户、学科馆员、信息资源库、学科知识库、学科知识服务平台等构成。

（一）学科知识服务用户

知识受众群体也就是知识服务的用户，是指通过各种途径获得知识或者接受知识的人或组织。高校图书馆的学科知识受众群体主要是高校的学生和教师。

在学科知识服务体系当中，知识不仅仅为知识的接受者和消费者进行服务，也需要为知识的促进者和激励者服务，并且，这一部分服务受众有可能成为未来提供知识产品以及创造知识的群体。高校是各学科人才和学者的聚集地，高校图书馆服务的群体是创造新知识的主要力量，他们是高校知识创新的主力军。高校图书馆知识服务体系的建立和发展需要关注知识用户的需求，提高用户对知识的利用率以及他们对知识服务的满意度，将他们的意见和评价进行整理和归纳。

（二）学科馆员

在学科服务整个过程中，学科管理员是十分重要的存在，因为他们的活动贯穿了整个学科服务过程的始终。学科管理员需要具备充足、专业的学科知识，又能够精通图书馆的业务流程，并可以通过智能化的信息服务平台为用户提供专业的、科学的、全面的知识性服务。在某种程度上，他们也是知识的消费群体，需要先理解用户的问题再通过自己收集和整理的学科知识，形成自我思维方向上的知识产品和新的思维成果。

学科馆员从传统的利用公共信息服务提供大众化的服务转变为提供全面的资源建设、用户培训、联合服务平台维护、咨询参考等一系列的服务，从传统意义上知识的提供者转变为学科服务的提供者和信息个性化资源的建设者，以及特色学科知识库的推动者。学科馆员还有机整合了高校特色的资源和信息服务，将工作变得灵活有序、协调统一，从而为服务群体提供更加高效便捷、专业科学的个性化知识服务。

（三）信息资源库

图书馆的信息资源库包括各种网络资源、各信息检索系统、图书馆资源库等资源。信息资源库主要是通过大量的信息资源对信息进行组织和管理，信息资源包括各种数据、事实、文献等记录人类行为的知识。信息资源可以以学科分类为依据进行信息资源的管理和组织。目前高校图书馆在管理信息这方面已经有十分成熟的理论和实践体系。信息资源中学科知识服务的基础是其中的显性知识随着我们不断发现、挖掘知识，揭示其规律，以及不断深入研究智能技术，信息资源库也正在一步一步转变为包含隐性知识的智能知识库。

（四）学科知识库

学科知识服务体系中一个重要的组成部分就是学科知识库，这也是知识服务区别于其他信息服务的关键因素之一。

学科知识库中的信息很多，主要包括学科馆员在为用户解决知识性问题时针对用户的问题搜集到的所有显性的知识理论，也包括学科馆员利用自身隐性知识以及利用信息资源库中的显性知识所整理出的能够真实解决用户问题的新的理论成果和知识产品。这部分知识被识别、获取，并录入信息知识库，经过系统的加工、处理、整理、归纳、评价等程序重新排序成为知识库中新的知识，以便用户下一次使用，或者经过再次加工的程序成为新的、更具体、更深层的知识产品。学科知识库的内容是严格按照学科分类的要求进行组织安排的，这也是它区别于其他知识库的地方。高校还可以根据自身的优势学科建立富有学科特色的知识体系。

（五）学科知识服务平台

学科知识服务平台是连接学科馆员与知识服务对象的桥梁，是服务平台外在的表现平台，是两者之间沟通联系的虚拟平台，也是服务系统展示功能的一种形式。学科知识服务群体通过服务平台感受知识服务，学科馆员通过平台向有知识需求的用户提供优质的服务。学科知识服务系统清晰、醒目地展示了各个服务的组成，系统的进步与完善需要依靠科技的进步发展来改善服务的各个环节，使服务变得更加有效。

学科知识服务智能化平台是学科导航、学科RSS定制与推送、知识挖掘、学科知识门户、定题知识服务等资源和工具的集合。它是一个智能化、依靠需求驱动的学科服务平台，它可以帮助学科馆员进行学科的需求分析，对学科化的知识信息进行选择、整理、整合，为用户提供针对性的服务和管理。这个平台以特色资源数据、虚拟学科大类分馆平台、学科知识库，为依据建立起来，连接个人数字图书馆与个性信息环境，能有效为学科馆员提供科研资料，及时为用户提供信息资源，并将用户需要的个性化需求融入信息环境中，落实知识化、智能化、个性化、科学化的服务理念。

学科导航服务将专业的学科知识和相关的学科资源归纳整合，进行有序的优化，通过学科专业网站将学科资源进行全面的集中和整理，以便信息用户可以全面系统地了解该学科的全部资源信息。学科馆员利用丰富的虚拟馆藏资源和已成体系的校园网络平台为特色学科的建立提供专业的信息咨询网站，使相关学者能够利用专业、科学的网站方便快捷地进行资源收集，掌握新的、权威的学科动态。

建立学科导航系统是获取网络资源主要的方式。在整个网络中利用搜索引擎搜索信息，通过寻找、选择、整理、评价找到有价值的信息网站，将收集的相关知识进行下载、整理、分类、标注，并按照统一规范的格式对信息网站进行客观公正的描述，给予合理的评价，形式便于检索和查询浏览的学科导航库，就是建立学科导航的主要过程。高校图书馆有责任、有义务承担起整顿网络学科资源的任务。

针对知识内容的知识服务中有一种主要的形式就是学科知识的挖掘服务。它以定向处理资源的方式挖掘有价值的知识内容，其主要特点是创新知识资源，发现未知的知识，并关注知识间的联系。这种高级的学科知识服务需要人工智能技术的支持，支持这一服务的关键技术就是与提取知识特征、聚类、分类相关的知识规则和知识评价等。学科馆员基于用户需求，对知识进行挖掘、采集、过滤、提供等，通过用户提供的满意度来评价整个知识服务的过程是否足够科学、合理。

学科馆员以用户的学科需求和研究课题为依据，提供的学科个性化、专业化的私人定制服务就是定题知识服务。一般情况下，高校会负责国家或者地方性的科研项目，学科馆员要积极主动与科研项目的相关人员取得联系，与他们沟通学科的立题立项背景、研究项目、研究内容、经费等其他相关情况，为他们设计个性化的服务方案，确定特色的检索方式，建立特色的定题服务数据库；不断更新服务，为科研项目提供新的信息动态、全面的文献资料、新的研究理论成果、相关的网络信息等，做到参与科研项目从开题立项到研究成果评价整个过程的专业跟踪服务；以专业的、针对性强的全程服务提高用户的满意度，实现了将最新、最全面的信息及时推送给用户，使用户不需要直接打开网站进行访问只需阅读定制的 RSS 信息就能获得想要的内容。

学科知识服务智能化平台是各项技术和各类资源的结合，它可以为用户提供全面的、智能的、个性的、科学的学科知识服务。

三、高校图书馆知识服务的创新

（一）高校图书馆知识服务创新的基础

1. 人才

高水平的服务人员是知识服务创新的关键。人是知识服务的主体，是充分发挥自主创新的关键因素。高校图书馆的知识依靠人传递，为了人而存在，是一种高度依赖人的知识和智慧的服务。高校图书馆工作具有服务性、业务性和学术性，图书馆人员必须具备专门的能力、知识和素质。拥有专业知识和丰富经验的图书馆人，不但可以帮助用户获取和掌握新的科技信息和科研动态，而且在科学研究过程中，可通过全面收集相关课题研究成果、状况和水平的信息，查阅文献资料和访问信息网络，帮助研究者解决某些疑难问题。因此，图书馆馆员是图书馆的"灵魂"，在观念创新、管理创新等一系列知识创新过程中扮演着知识生产者与传播者的双重角色。图书馆应拥有一批精通业务的人才，并在长期的业务实践中积累了丰富的理论知识和实践经验，他们的工作融入了图书馆馆员的创造性劳动。

知识创新根本在于人才，培养大批具有创新精神和创新能力的人才，既是知识经济时代的需要，也是图书馆队伍建设的根本任务。队伍建设必须从个人综合素质、队伍整体素质和结构两方面出发，加强人才培养，以适应高等教育人才培养对信息人才的需要。21 世纪的图书馆馆员应当成为信息的管理者、信息的研究分析人员、知识的推动者，由单一化向多元化转变，成为具备多学科知识、掌握 21 世纪新技术、具有专业能力的创造型、开拓型、复合型人才，在知识创新活动中不单纯是知识信息的提供者，而且是创新过程中的信息顾问、信息专家和知识的导航员，成为知识生产的重要生力军。知识创新要求图书馆员不断学习、终身学习，提高基本素质和道德水准，提高自身的知识含金量，开展创新性工作。

创新人才是实现图书馆服务创新的决定性因素。一般来说，创新人才应具备以下几方面的素质：一是创新意识，包括追求创新、推崇创新、乐于创新等；二是创新思维，包括创新性想象、积极的求异思维、敏锐的观察力、持续的记忆力及良好的思维品质；三是创新技能，包括获取、处理信息的技能，动手操作，与他人合作，善于捕捉灵感的技能等。

2. 资源

高校图书馆知识服务创新的基础之一是丰富多样的资源。资源包括各类图书、期刊、电子文献、学术数据库、网络信息等。拥有丰富的资源能够满足用户多样化的知识需求，为知识服务创新提供坚实基础。高校图书馆应该持续丰富馆藏，不断扩大资源范围，包括纸质和电子资源，并积极引进具有特色的学术数据库和电子期刊。同时，图书馆还应加强与其他图书馆和知识机构的合作，建立资源共享机制，进一步拓展资源的获取渠道和共享范围。目前，应加大电子文献和网络信息资源的建设力度。电子文献相比纸本文献具有知识含量高、检索方便快捷等优势，因此应重点建设检索型、参考型和全文型数据库。对于网络信息资源的建设，除了建立具有本馆特色的数据库外，还需要建立"虚拟馆藏"，通过适当的途径从网络上获取各种信息，同时高校图书馆要提升自身对网络信息资源的组织能力，根据用户特定需求进行深层次加工，以提供更优质的知识服务。

3. 技术

先进的网络设备和信息技术是服务创新的保证。技术创新是服务创新的核心和基础，是提高图书馆地位的重要因素，它的最终目的是为用户提供科研、生产所需的信息，用户的需求才是图书馆生存的依据。利用计算机形成网络电子信息资源系统，可让用户在终端以最短的时间获得有用信息。图书馆的技术创新，是开发具有战略意义的新技术，开发以计算机网络技术、多媒体技术、现代通信技术、超文本等现代技术，实现图书馆计算机通信—知识信息一体化，为知识传播现代化和图书馆网络电子化、社会普及化、信息产业化提供技术保障。技术创新是增强图书馆生命力的动力源泉，只有不断创新知识与现代技术，才能使图书馆获得可持续的发展。计算机技术、网络技术等高新技术在信息服务中的应用极大地促进了信息服务业的发展。这种网络化的信息服务可以使用户享受到更加及时快捷、周到全面的服务。但是，目前要真正开展网络信息服务，还面临许多困难。一方面，将传统信息简单转化为数字信息并进行网络发布也不能及时、高效地服务用户；另一方面，收集和整理网络上的信息又面临着网络信息内容庞大、纷杂无序和用户需要有序信息资源之间的矛盾。因此，我们要将人工智能技术与当今的网络信息服务相结合，寻求新的能支持知识服务的网络智能知识服务系统。

（二）高校图书馆知识服务创新的对策

高校图书馆为了更好地推进知识创新，需要持续探索和创新，从思想观念、服务方式和手段等多方面努力。在创新知识服务的过程中，图书馆应该提升自身的发展能力，以适应不断变化的知识社会需求，并确保其服务水平与时俱进，具体可以从以下几方面的工作做起。

1. 优化馆藏资源结构

优化馆藏资源结构的目标是建立多形态、多载体、多种类的实体馆藏资源和虚拟网络资源相结合的综合资源体系。所以优化高校图书馆的馆藏资源结构是一个重要且复杂的任务，需要从多方面入手。高校图书馆应该积极扩大馆藏资源的多样性，收集包括纸质图书、电子书籍、期刊、视听资料等多种载体和形态的资源。针对不同学科和专业领域，采购具有特色和权威性的学术资源。也应该推动传统图书馆数字化转型，将纸质文献逐步数字化，建设电子数据库，以便用户随时检索、访问。数字化转型能够提高资源利用效率和保存性，同时也满足用户在线访问的需求。除此之外，还应该与其他高校图书馆和知识机构建立资源共享机制，通过合作共建共享项目，实现资源的互补和优势互补。此外，高校图书馆还应该定期清理馆藏资源，淘汰过时、陈旧的资源，确保馆藏资源的时效性和实用性。总之，随着网络信息资源的迅速增长，网络成为现代知识服务的重要基础。网络资源提供大量可利用的信息，扩大了知识服务的范围和方式。现代知识服务已经基于网络和数字化资源展开，知识服务创新的要求下，高校图书馆必须充分利用网络知识资源，加强网络虚拟资源的建设和开发，来完善知识的获取渠道和方式，从而改变馆藏知识资源结构，以适应时代发展和用户需求。

2. 实施知识管理，激发创新的智慧和活力

在知识服务创新过程中，馆员需要投入大量的智力知识，才能为用户提供高技术含量、高附加值的知识服务。知识服务的创新对馆员的知识水平、智力水平及综合素质的要求是相当高的，高校图书馆必须通过知识管理，以各种方式来激发和培养馆员的内在知识智慧，使他们胜任并不断创新知识服务工作。

知识管理可以开发隐性知识，促进隐性知识和显性知识的相互转化。特别是蕴含于馆员个人头脑中的隐性知识，这是人们在多年的工作实践中积累的经验、技能和认识，也是知识服务创新的直接力量。而由个人知识所构成的集体的隐性知识，也是个人隐性知识成长、发展和转化的温床，是图书馆知识服务创新的核心力量。如果把隐性知识转化为显性知识，并在机构内部广泛传播，使每一个工作人员将共享到的显性知识在自己的工作实践中加以使用，便会产生智慧的火花，形成独到的见解，再次形成个人的隐性知识。在这种良性循环的知识生态中，整个机构的知识服务创新能力就会得到极大的增强。

3. 加强信息教育和技术培训

应当加强用户教育，帮助他们成为有信息采集与利用能力的人，使他们能够不断获取新知识实现服务的延伸。用户教育起到的是授人以"渔"的作用，如果用户在图书馆日常服务中只收集到只言片语的零碎信息，就无法构筑完整的知识结构。人们对新的信息的需求应当建立在系统化的知识之上，所以图书馆仍将在人们的教育中发挥重要的作用。另外，知识共享是知识管理的根本要求，但是如果人们之间的差异太大，以至失去相互之间对话的基础，那么知识共享便不可能发生。图书馆基于知识共享的目的对用户进行的教育，可以加强对读者获取知识、处理知识、利用知识、交流知识能力的训练和培养，最终使读者具有知识共享的手段和能力，从而加速知识创新成果向现实生产力的转化。

除了加强对用户的信息教育之外，还有另一个重要的方面就是加强馆员的素质教育，需对其进行技术培训。馆员在图书馆工作中的地位是不容忽视的，在图书馆服务他们发挥了重要作用。随着计算机技术、通信技术、信息数字化技术和计算机国际语言化技术的发展，传统的、分割的图书馆已经逐步走向全球一体化和网络化的境地，图书馆的发展要跟上时代的步伐，图书馆的知识服务必须立足创新，其中高素质的创新型人才具有关键作用。

第四节　高校数字图书馆特色服务

一、数字图书馆特色服务概述

图书馆理念的转变和服务工作的创新是顺应时代发展的需要，而特色数字图书馆的打造需要完善特色服务。

由于数字图书馆的特色服务正处于初步发展阶段，对其相关概念和内容还没有明确统一的界定，对此，综合多家观点，就数字图书馆特色服务的内涵提出以下三方面的认识：其一，特色服务应该是图书馆的独家服务，即别人没有的我有；其二，特色服务是图书馆的优质高质量服务，即使别家也有同类的服务，但自家的服务质量更高；其三，特色服务是基于数字图书馆建设的系统化综合表现，是在"人无我有，人有我全，人全我优"的特色服务理念基础上创新传统服务，优化服务项目的内容和价值，转变服务方式，更新服务理念，以达到服务的外在形式、内容价值、效果体验的有效统一，具有独创性、针对性、综合性、多元化、系统化等特点。基于此，可以这样来定义特色服务：凡是具有特色的馆藏数字资源、服务形式或针对某一对象群体提供专门服务的服务就是特色服务。本质上来说，数字图书馆特色服务是以服务用户为根本目的，以给予读者更好的使用体验为基本目标，以突出自身优势，在用户服务中发挥特殊作用为主要宗旨。依托图书馆所有的数字资源，为读者提供系统全面、针对有效的优质服务，要求图书馆的馆藏资源、服务方式与传统的数字图书馆区别开来，突出专业化、多元化、系统化的优势，以期在用户服务中呈现出特殊的效果。

　　数字图书馆之所以能够得以长效的、可持续性的发展，就是因为在服务中保持特色的结果。如果没有特色服务理念、特色服务方式和特色服务内容，就不可能开展特色服务项目。对此，数字图书馆特色服务应该顺应改革需要，优化内部运行机制，进一步完善用户服务。数字图书馆特色服务是不同于传统的服务方式，是图书馆主动开展社会需求调查，根据调查结果建立特色服务方式，按照读者需求收集信息，主动开展的服务项目。

　　深化我国数字图书馆的特色服务是一项涉及面广泛、内容丰富的工作，需要从理论上进行深入研究，在实践中大胆探索。

二、数字资源特色服务内容

　　数字资源服务作为数字图书馆的服务窗口，为各类用户提供各种具体的服务，也是其服务能力的直接体现。其核心是资源的发布与检索，它是数字图书馆的核心指标之一。

（一）统一检索

　　统一检索有一个更为常见的名字叫跨库检索，除此以外，还有异构资源检索、多数据库检索、集成检索、一站式检索等称呼。不论何种名称，其基本思想就是在多个异构的数据库中实现信息检索。

　　这种需求源自数字图书馆数字资源库复杂和异构的现实情况，结果就是用户为了检索一个内容需要反复登录到不同的系统中去查询信息。如果这些数据只有几个，问题也许并不大。但现实是对于一个大型数字图书馆而言，这个数字通常是上百个，让用户重复几百次同样的检索操作几乎是个不可想象的行为，更不要说在几百个结果列表中去比对并查找所需的结果。因此，统一检索系统的出现是数字图书馆数据库来源多样性和结构差异化的必然结果。

统一检索系统的基本处理方法是，首先向用户提供一个统一的检索接口和界面，在获取用户的检索请求后，将上述请求转化为不同数据源的检索表达式，并对检索结果加以整合，经过去重和排序等操作后，以统一的格式将结果呈现给用户。整个过程无须用户反复检索和登录，从而大大提高了用户使用效果。

对于有限的数据源而言，这一工作看起来并不复杂。但现实是，数据源的数量往往非常庞大，比如，CALIS 的统一检索系统就整合了 125 个中文数据库和 129 个西文数据库。糟糕的是，这些数据库的结构差异可能很大，各个库的关键字字段都不完全一致，无法实现一一对应，这在不同类型的资源库间尤其显著。工程实际中还会有许多非常难以处理的实际问题，包括有些库可能很老，采用的 C/S 模式，而不是现在普遍采用的 B/S 模式；B/S 方式检索时，源数据库的网页规范程度不高导致解析错误和困难；全文访问权限受限；为保证系统兼容而进行耗时耗力的人工巡库维护工作；等等。因此，在实践过程中如何减少数据库异构带来的困难，提高数据的查全率和查准率是统一检索的难点所在。

（二）虚拟参考咨询

虚拟参考咨询服务（virtual reference service，VRS），又称数字参考咨询（digital reference service，DRS）、在线参考咨询服务（online reference service）、远程参考咨询服务（reference services at a distance，or remote reference services），是数字图书馆在网络技术的支持下提供的参考咨询服务，也是在互联网环境发展下图书馆传统业务的延伸。在虚拟网络环境下，图书馆馆员可以接收来自世界各地不同用户提出的各类问题，然后进行实时或批量的回复。相较于传统的参考咨询服务，虚拟参考咨询服务一方面可以打破时间与空间上的限制，在服务及时性、便捷性上有了极大的提高；另一方面是利用互联网可以实现虚拟的联合参考咨询，也就是多个机构可以在一个共同的平台上为读者和群众服务，极大地增强了服务能力和效果，弥补了图书馆专业人员的不足。

虚拟参考咨询作为一个以"服务台"为核心理念的知识服务系统，其基本思路就是通过建设一个较为完备的专家知识库，并配以较为高效的专家团队，利用信息系统的自动排查和检索功能来完成准确解答的任务。因此，充分利用互联网实现馆际间的合作，通过知识和人员的共享实现服务共担就成为虚拟参考咨询服务的一个重要建设思路，在这方面国家图书馆、CALIS、中国国家科技图书馆等都做了深入的研究和实践。

（三）馆际互借

馆际互借是图书馆领域的一个传统业务，其目的在于通过各个成员馆之间的协作，实现资源共享、服务共担、优势互补，是传统图书馆服务能力的扩展。资源普遍数字化后，特别是数字图书馆的出现，使得馆际互借在运作形式上发生了巨大的改变，不再需要有物流的过程，事实上也不需要"互借"，从而极大地提高了响应速度，降低了运行成本。

从服务类型上来说，馆际互借包括返还式的馆际借阅和非返还式的文献传递以及代查代索三种方式。对于数字图书馆而言，只有非返还式的文献传递与其业务形态完全一致，返还式的馆际借阅和代查代索实质上还是传统业务的延伸，属于图书馆业务自动化范畴。不过，这并不意味着数字图书馆在馆际互借方面能力不足，因为在网络发达的今天，人们对于时间和效率的要求很高，传统的文献索取方式成本高、时间周期过长往往超过了现实所能容忍的时间，因此即使对于传统图书馆而言，服务内容也以非返还式的文献传递为主。

（四）联合编目

联合编目是指多个图书馆利用计算机和网络，共同建立统一标准的文献联合书目数据库，并共享编目成果。成员馆将新文献编目上传到数据库后，其他馆可以从网络上查询和下载，从而减少编目工作的重复劳动，提高效率和书目数据质量。联合编目的意义在于降低编目成本，提高编目质量，促进书目记录的交换，为实现文献资源合理配置创造条件。

三、依托特色资源开展特色服务的途径

数字图书馆依托特色资源开展特色服务的途径重在服务的特色资源，贵在服务内容的特色，其途径主要体现在馆藏资源的特色化建设、特色数据库的开发、服务方式的特色化和服务对象的特色化四个方面。

（一）数字馆藏资源的特色化建设

在数字化、网络化快速发展的信息时代，建设数字特色馆藏已经成为图书馆界的共识。数字图书馆首先要优化馆藏结构，突出自身优势与特色来建立数字馆藏。每个图书馆应该根据自身特点，在不同的学科和专业上进行特色馆藏建设。作为图书馆办馆特色的重要标志，图书馆在建设时要有所侧重，突出重点。

（二）特色数据库的开发

为了使数字图书更切合用户的需求并在网络资源建设上留有一足之地，不同类型的数字图书馆应该充分辨析并挖掘线上特色资源，建立可以凸显自身优势的馆藏，并开发具有本馆所在区域地方专业或产业特色的数据库。而特色馆藏建设应该从实体特色馆藏和虚拟数字特色馆藏两方面出发，使得二者相互协调、相互配合、相互促进。其中数字特色馆藏建设与实体特色馆藏建设相比难度更大，但基于时代发展和社会需要也显得更为重要。在数字图书馆建设初期，由于我国缺乏统一规划，各图书馆专注于自己的建设，以至于数据库整体布局结构混乱，重复建设已成为常态，服务质量不高，资源共享程度不高。随着全球互联网的高速发展，信息存储和搜索的物理限制被打破，人们可以自由查询各种信息。比如美国一些地区建立起数字图书馆联盟，实现了地区资源的共享。数字信息资源全球化共享是数字图书馆发展的必然趋势，因此图书馆应该加强数字信息资源专业化和特色化建设，放弃大而全或者小而全的馆藏理念，加强各个数字图书馆之间的联系，协调收藏范围，形成具有各自特色的信息资源，建立起资源共享的网络环境，以满足不同用户对信息资源的多样需求。

（三）服务方式的特色化

建立特色藏书体系和特色数据库是为了向读者提供更高质量、更系统化的数字信息资源以及更人性化、更专业化的数字服务，而不是将所藏文献束之高阁。这就需要以特色化的服务方式来推动特色化图书馆数字信息资源建设，扩大数字图书馆的服务范围，提高图书馆馆藏数字资源的利用效率。对此，现代图书馆应该将传统用户服务和现代网络技术相结合，积极利用网络资源为读者提供更方便、更高效、更科学、更高质的特色信息服务。可以开展开放式和远程式的网上服务，利用特色数据库为连接在网上的任何一台机器的用户提供最新信息，并为用户检索、筛选和加工专项信息。此外，图书馆还应提供读者咨询和培训服务，逐步尝试个性化服务，以增强读者获取网络信息的能力。

（四）服务对象的特色化

特色化服务对象是指特定的用户群体，通常是指在某一领域有较高专业水平的工作者和决策者，或是对特色文献有研究和学习兴趣的用户。此外，特色化服务对象还包括一些特殊用户，如盲人、聋哑人、病人、老年人和儿童等。如美国的麻省理工学院、康奈尔大学等高校图书馆都开设了面向残疾人的特色服务，其所提供的特色服务主要有以下几方面内容。

1. 学习技术支持

学习技术支持主要涉及计算机技术的支持，尤其是为残疾人员提供适合他们自身条件的特殊键盘和鼠标，并提供各种针对性软件来帮助他们学习。例如，图书馆可以提供帮助学生写作论文的 InsPiration 软件，或能自动识别语音的软件以让残疾人员使用自己的声音来输入文章并操纵计算机，同时还可以提供屏幕阅读软件帮助视觉缺陷人员学习。这些技术支持措施旨在帮助残疾人员克服学习中的困难，使他们能够更好地学习和获取信息。

2. 学习设备支持

学习设备支持旨在为残疾人员提供方便学习的设备，以应对各种需要。例如，为视觉缺陷人员开设的特殊工作站，提供电视节目录像带放大器，帮助弱视人能够看清图像和文本。而针对盲人群体则是提供盲文打字机和文本一声音转化器等设备。除此之外，还会为听力损伤者提供名为"磁带上的课本"的特殊录音带，或者为听力损伤或注意力难以集中的群体提供FM 收听设备。这些设备能够帮助残疾人员克服学习中的障碍，提高他们的学习效率，让他们更好地获取资源并参与到学习中来。

3. 学习协助

行动不便的人对于特殊功能的自习室和研究室是有需求的，图书馆可以为他们提供单独的自习室，并且让他们提出申请且能够长期使用。关于他们的学习问题，图书馆可以为他们提供与专家进行面对面学习讨论的机会，还可以提供其他相关服务，比如打字服务、扫描文件服务、速记服务、口译等，也可以为残疾人提供适合他们考试的房间或者适合学习的教室，总之，图书馆可以为身体残疾的学员尽可能地提供适合的服务。

4. 其他

在国外的许多大学中，例如美国康奈尔大学图书馆，它除了具有提供各类学习资料的基础功能外，还增加了运动、体育、住宿及可以让残疾人利用的站点等，对于残疾人，它还会设立专门为他们服务的教职工，并将职工资料在网页上进行细致的罗列，这样方便残疾人随时联系他们，如果在图书馆学习过程中有任何建议可以及时反馈给服务人员，以便图书馆更好地支持残疾人的学习。

第五节　大数据时代高校图书馆信息服务创新

一、强化数字图书馆建设，创新信息服务意识

随着现代科技的进步，互联网技术和信息储存技术也在不断发展和进步，数字图书馆就是顺应时代的全新产物，这也是数字化生活的概念之一。数字图书馆是一个有机的、内在联系的整体，它在很多方面都有所建树，如：图书资源检索、图书馆行政管理数字化、图书馆学习资源收藏等等。随着电子设备在人们生活中使用频率的增加和读者阅读习惯的改变，高校建设数字图书馆已经成为必然趋势。

强化建设数字图书馆进行，一方面可以使高校图书馆图书资源的存储量有极大的提升；另一方面，可以通过网络借阅这类具体方式，对读者的信息进行全面精准的收集。在推送信息这一方面，可以有针对性地采取精准化的"大数据思维模式"。高校图书馆的信息服务水平强化到一定程度，建设数字图书馆，还可以尝试向社会各界人士开放图书馆，让更多的通过高校图书馆这个平台自己的信息资源丰富从而更好地学习。

二、创新服务理念，从根本上践行"以人为本"的服务理念

想法、理念会对实践产生影响，高校图书馆的改革应该从创新服务理念开始，在如今的社会，因为信息生产成本低，所以信息的生产方式多种多样，增长速度也十分迅速。这就为高校图书馆提供信息资源和知识服务储备的服务造成了巨大的压力，对其产生了不小的冲击。传统的图书馆模式是需要依靠图书管理员的经验及知识储备为读者提供合适的资讯和图书借阅服务的，但如今，这种模式已经不能满足读者的个性化需求了。因此，高校

图书馆不仅需要在服务方式上有所改变，更重要的是改变服务理念，认真贯彻落实"以人为本"的服务理念，积极了解读者的个性化需求，并针对读者的需求积极探索、深入挖掘，寻找解决问题的渠道，多维角度思考问题，更好地满足不同类型读者的需求。不仅如此，高校图书馆可以建立超前服务意识，分析读者之前看书的类型、方向，准确分析读者之后的兴趣爱好，得出读者未来对信息和图书的新需求，进而为读者以后的阅读和信息获取提供恰当的信息源。

三、基于学校学科建设，拓展信息服务渠道

高校如果想在自身竞争力方面有所提高，发展空间得以开阔，就必须在学科建设方面下功夫。高校图书馆作为信息储存和服务的中心，需要加强学科建设，钻研教学和科研，来促进自身的发展。

（1）创建有关学科的馆员制度，将图书馆与各院系密切联系起来，精准了解各院系教师及教学科研职工在教学、科研等方面的需求，为他们提供针对性的信息服务。

（2）图书馆管理员对高校的重点学科建设要有充分的了解，这样信息导航才能以重点学科为核心建立起来，教师就能够在网页上查询、搜索有关重点学科建设的有效信息，并将信息进行合理的整理和归纳，将其中有价值的资料呈现给各类用户，从而帮助教师、科研工作者、学生等各类用户获得新的、权威的、准确的学术信息。

（3）还需要将相应的学科信息服务平台建立起来。平台需要收集全面的、新的学科动态和专家观点，并评估各种期刊、论文稿件信息，实现资源的共建、共享、共用，满足在线交流、RSS 信息定制等需求。

四、建立微信公众平台，加强与用户的沟通和联系

提升高校图书馆的服务质量，拓展图书馆的服务空间，可以利用微信进行图书馆资源与服务的推送。微信平台的出现也是一场沟通方式的变革。微信之所以被大众接受，也是因为其方便快捷的信息传递功能。高校图书馆可以通过建立微信公众号，拓宽自己与用户的沟通渠道，创新信息传递方式，优化信息呈现，提升用户的体验感。通过这种方式，高校图书馆能实现与用户距离的拉近，能将自己专业化的贴心服务和精准的电子信息资源与前沿资讯传递给客户。高校图书馆可以在以下几个方面利用微信公众平台。

（1）利用"微报"进行宣传，制作并在固定时间发布"微报"，及时更新资源以及推送服务信息。

（2）将信息进行线上整合，及时为用户提供完整的信息咨询服务，在用户需要时提供科学的信息资源并帮助其有效解决各类问题。

（3）充分利用微信的"群聊"功能。"群聊"可以帮助有共同志向的用户构建学习互助空间。在用户搜索知识时，可以让其他有共同研究背景或者交叉学科背景的用户发现，并实现线上的资源共享和共同探讨。

五、完善服务体系，提高服务层次

做好知识服务的前提是将信息进行采集、分析之后做合理整合，并深入挖掘各类显性、隐性信息，将它们进行分析和重组，从而实现服务的信息化、价值的最大化。

在大数据技术飞速发展的今天，高校图书馆可以利用信息服务平台，为广大的用户提供专业的学科知识和贴心的服务。分析各类用户检索特定学科信息的频次，就能发现在一定时间内这个用户对哪个学科比较感兴趣。再挖掘数据，对信息进行聚类分析，预测在特定时间段内各学科的关联及交叉以及未来的学科研究热点。与此同时，统计图书馆系统中用户借阅图书的数据采集流通日志信息，再深入挖掘这些数据，将信息与用户进行知识关联，就能找到在某段时间内用户重点关注的信息资源分析出用户的喜好。图书馆可以充分利用这些知识关联，为用户提供更加人性化的知识服务。依靠信息技术的发展，当然是提高图书馆服务的方式，但同样，图书管理员也有举足轻重的影响，馆员的智慧也不可忽视，智慧服务就是基于其智慧的知识服务。

目前看来，图书馆已经在信息服务中应用大数据信息挖掘技术，积极为广大用户提供专业、私人的定制服务，通过分析处理用户的信息需求，为用户提供前沿的、个性化的、智能的信息服务，将用户的满意度提升上来，进而在数据挖掘技术的支持下实现图书馆智慧服务。

在大数据信息时代，图书馆可以从时事热点和用户的实际需求入手，增加数据储存，对数据进行有效的丰富和强化，完善图书馆的信息资源，科学分析、处理数据，通过信息知识挖掘技术，把握用户的喜好，为用户提供综合完整的资源信息服务。图书馆可以分析不同用户的图书借阅情况、资源检索数据来整理不同用户类型的图书借阅情况，以及个体用户的信息需求及他们特定时间的研究方向，再运用聚类技术分析、关联规则、协同过滤等方法判断用户读书的喜好及变化等情况，建立用户资源分析模型，根据用户的喜好和需求意向主动为他们推送所需的信息，完善服务模式，从而使图书馆的核心竞争力得到提升。

六、采取先进数据挖掘和推荐技术，深化个性化信息推荐服务

图书馆的资源数量庞大，是严格按照有关规范和标准进行组织和整理的。用户在信息检索的过程中，要想准确地检索出信息是不是自己所需的，是较为困难的。利用大数据的分析功能，图书馆就可以根据用户需求和行为模式，例如用户的院系信息、所学课程、研究方向、兴趣爱好、行为方式、研究阶段、知识框架等许多信息进行系统深入的分析整理，并准确了解用户的需求及其细微的信息变化，从而向用户提供准确的、有价值的参考信息，实现图书馆知识提供服务的准确性和精细性。

对于大部分学生来说，及时满足他们的知识和信息需求不仅可以充分调动他们学习的主观能动性，让他们能积极主动地阅读、学习，还可以改进学生的学习方法，提高学习效率以及优化学习质量。高校教师可以利用图书馆及时了解学生学习水平，获得知识反馈，调整教学进度。并以此为依据，提前制订下一教学阶段的计划，选择合适的教学方法，这样就能从侧面增加师生之间的交流，促进师生共同发展，实现真正意义上的教学相长。教师获得有效的信息反馈后，可以再次将信息储存在图书馆的数字信息系统中，这样在进行下一阶段的教学分析时就能得到及时的信息参考，图书馆和教学活动就可以实现良性的信息共享和及时有效的信息交换。

第五章 高校图书馆的信息检索与利用

第一节 信息检索基础知识

一、信息检索的定义

信息检索作为一门现代技术，它与计算机几乎同时问世，二者的发展相辅相成，关系十分密切。"信息检索"一词最早出现于 1950 年，由凯尔文·莫尔斯在国际数学会议上首次提出。随着信息爆炸和以计算机技术为核心的现代技术的迅速发展，信息检索不断被赋予新的内涵。目前为公众所普遍接受的信息检索的定义可从广义和狭义两方面来理解。

广义的信息检索是指将信息按照一定的方式组织和存储起来，并根据信息用户的需要找出有关信息的过程。所以它的全称又叫信息的存储与检索。它包含信息检索和信息存储两个过程。信息的存储是指收集大量无序的信息，根据信息源的外部特征（指文献名称、著者姓名、文献出处等）和内容特征（指文献的主题词、分类号、内容摘要等），经过分类、标引等步骤加以处理，使其系统化、有序化，并按一定的技术要求编制检索工具或建立检索系统，供人们检索和利用，即信息的标引加工和存储过程。信息检索则是指用户根据检索需要，对检索课题进行主题分析，明确涉及的检索范围，形成能代表信息需求的主题概念，并将主题概念转换成信息检索语言，利用编制好的检索工具或检索系统查找用户所需的特定信息。即信息用户面向信息需求而进行具有高度选择性的查找，然后与存储在系统中的检索标识相比较，当两者一致时，才能达到检索目的。信息存储与信息检索是密不可分，存储是为了检索，检索必须先有存储。

狭义的信息检索是从信息集合中找出所需信息的过程，相当于人们通常所说的信息查寻。对于信息用户而言，信息检索就是指依据一定的方法，从已经组织好的信息集合中查找并获取特定需求信息的过程。这里的信息集合，往往指关于文献或信息的线索，得到检索结果后一般还要通过检索文献或信息线索索取原始文献或信息。本书涉及的信息检索指的是狭义的信息检索。

二、信息检索的原理

信息检索的基本原理是将用户的检索提问词与数据库文献记录中的标引词进行对比，当提问词与标引词匹配时即为检索成功。信息检索的本质是信息用户的需求和信息集合进行比较和选择的过程，即用户所用的检索词或检索表达式与数据库中的检索词及逻辑关系间的比较和匹配。两者相匹配的信息被检索出来（命中），不相匹配的信息被拒绝。

进行信息储存时，标引人员和信息著录起初可以对原始信息进行内容和形式上的分析，将这些信息中的内容主题提炼出来，组成几个概念性的主题代表原始数据，并转化成已经提前设定好的检索语言，例如主题词、分类号、标引、标识等，然后将这些文字信息的标引或者标识按照固定的方式、规则在信息系统中进行存储，并形成检索系统或者检索工具。用户进行信息检索过程中，首先要针对自己的需求对检索课题进行内容上的分析，提取出检索提问信息；然后，根据数据存储时的检索语言，将提问信息转化为提问标识；接着，在信息系统中输入标识，让系统存储的数据信息与检索标识进行对比、选择、匹配等；最后，系统将显示出匹配度最高的检索信息，将结果传递给客户，满足用户个性化的数据信息需求。

三、信息检索的意义

（一）借鉴前人经验，避免重复劳动

继承、借鉴、怀疑、假设、探索、求证、循环往复、螺旋式上升，这是科研发展的必由之路。科研人员通过观察和思考获得研究题目后，首先需要确认别人有没有研究过这个题目，才能决定是否需要着手研究这个题目。这个确认过程一般是通过查阅相关文献来实现的。

文献检索的一个基本目的就是查阅和了解前人的研究成果，吸收和借鉴前人的研究经验，避免重复劳动，避免重做别人已解决了的问题，避免重犯别人已经犯过的错误，少走弯路，提高科研效率。

（二）了解科研动向，启迪创新思维

通过文献检索和调研，研究者可以了解自己所做的方向在世界上是怎样的研究现状——国内外是否有人做过或者正在做同样的工作，做到了何种程度，取得了哪些成果，尚存在什么问题，等等。在广泛了解科研动向的基础上，启迪创新思维，改进自己的工作。只有这样，才能有所发现、有所创新、有所前进。

（三）拓宽知识面，寻找创新灵感

了解与自己研究方向有关的科研机构，熟悉本研究领域的国际领袖人物，密切关注该研究领域发表的论文并认真研读。定期读几本世界顶级杂志，经常浏览你从事的领域的核心期刊。我们可以从中拓宽知识面，可能得到新的想法、新的思路，从而寻找到新的灵感及突破口，使自己豁然开朗。

（四）进行调查研究，提供决策依据

人们在日常生活和工作中，需要时常做出决策，一些较为重大的决策关系到集体的成败和个人的命运，因此，决策的科学性就显得尤为重要。掌握信息在决策中有十分重要的意义，及时全面地掌握信息能帮助我们进行科学的决策。正确的决策取决于多种因素，其中较为重要的是决策者对决策事物有充分的了解，对接下来的行动和结构有清晰的预判。这就要把握信息的重要性，对信息全面、精准、及时。这在一定程度上对决策有很大的影响。

四、信息检索的类型

信息检索按照不同的划分标准，可以划分为按检索内容划分、按是否使用检索工具划分、按信息检索手段划分。

（一）按检索内容划分

信息检索按检索的内容可以划分为文献信息检索、数据信息检索、事实信息检索和声像信息检索。

1. 文献信息检索

文献信息检索所检索到的是关于文献线索或文献全文，它回答的是诸如"关于环境保护有哪些文献"之类的问题。文献线索包括文献题目、著者、来源或出处、文摘等项目。文献线索检索指从一个文献集合中找出专门文献的活动、方法和程序，是利用检索系统（工具）查找文献线索，获取文献信息的过程，本质是文献需要与文献集合的匹配。如："关于自动控制系统有些什么参考文献？"这就需要我们根据课题要求，按照一定的检索标识（如主题词、分类号等），从所收藏的文献中查找出所需要的文献。

2. 数据信息检索

数据信息检索是以数据、图表等线索作为检索对象，从检索系统存储的数据中查找出用户所需特定数据的过程，如人口普查数据、经济数据等。数据信息检索主要是利用百科全书、年鉴、手册等各种参考工具书以及网络信息资源来检索。

3. 事实信息检索

它是指以特定的事件或事实作为检索对象，从相关检索系统中查找出某一事件发生的时间、地点、经过、性质、特点等具体内容的过程。事实信息检索主要是利用年鉴、大事记等参考工具以及档案文献或网络信息资源来检索。

4. 声像信息检索

它是以声音、图像等作为检索对象，利用相关媒体数据存储系统，查找出用户所需的文字、声音、图像等图文信息的过程。20 世纪 80 年代以来，随着多媒体数据存储系统和数据库检索技术的飞速发展，集文字、图形、图像、动画、声音等多种媒体于一体的存取和管理得以实现。检索时，不但能够浏览检索对象的文字描述，还可以观其形，听其声，直观生动。

（二）按是否使用检索工具划分

信息检索的两种检索方式是直接检索和间接检索，是按照是否使用检索工具划分的。直接检索是以前人们常用的查找信息的方法，是利用一次文献进行检索的方式，这样检索的信息不多，花费的时间和精力也多。间接检索就是利用多种检索工具进行文献检索，再以线索为依据查找原始信息的方法。

（三）按检索方式划分

按照信息的检索方式，信息检索可分为传统信息检索（手工检索）和现代信息检索（机器检索）。

1. 传统信息检索

传统信息检索就是手工检索，是指以手工操作的方式，利用各种印刷型检索工具来查找文献的一种方法。检索者与检索工具直接"对话"，依靠检索者"手翻、眼看、脑子判断"而进行，不需要借助任何辅助设备。其优点是检索者可以边查边思考，随时获得反馈信息，及时调整检索策略，避免可能出现的漏检和误检；不需借助任何辅助设备，因而具有广泛的适应性与方便性。不足之处在于检索速度比较慢，漏检现象严重，不便于进行复杂主题概念的检索。

2. 现代信息检索

现代信息检索也叫机器检索，是通过机器对已经数字化的信息按照设计好的程序进行查找和输出的过程。现代信息检索是在手工检索基础上发展起来的，日益成为信息检索的主流方式。它不仅大大提高了检索效率，而且拓展了信息检索领域，丰富了信息检索的研究内容。

现代信息检索有不同的类型。按处理方式划分，有脱机检索和联机检索；按存储方式划分，有光盘检索和网络检索。

五、信息检索语言

（一）检索语言及其特征

信息检索语言是信息检索系统中的信息存储与检索用语，是用户与检索系统借以交流互动的媒介。它直接影响着检索系统的效率。为了避免漏检、误检，提高检索效率，在使用检索工具时，应该对检索语言有所了解。

信息检索语言是根据检索需要而编制的，用来描述信息的内容特征和外表特征的人工语言，是从自然语言中精选出来并加以规范化的一套词汇、符号。

信息检索语言是人与检索系统对话的基础，在信息检索中起着极其重要的作用，是连接存储和检索两个过程的桥梁，也是连接标引人员和检索人员的桥梁，又是编制检索工具各种索引的依据，还是用于信息标引和检索提问的约定语言。当信息存储时，标引人员将收集到的信息按其外表特征和内容特征用一定的语言加以描述，并赋予一定的标识，如题名、著者、关键词等，将其整理、加工、存储于检索系统中。用户进行信息检索时，首先要对检索课题进行分析，用同样的语言抽取出几个能代表检索课题要求的检索标识，通过与检索系统中存储的标识相匹配，获取所需信息。这种在信息检索中用来联系文献信息和用户需求的"语言"就是信息检索语言。所以，信息检索语言是适应信息检索的需要，并为信息检索特设的专门语言。

检索语言是连接信息用户、信息工作人员和信息资源的主要环节，因此具有鲜明的特征：①具有必要的语义和语法规则；②具有表达概念的唯一性。③具有将检索标识和提问特征进行比较和识别的方便性。

（二）检索语言类型

检索语言按描述信息的有关特征，可以分为表达信息外表特征的语言和表达信息内容特征的语言。表达信息外表特征的语言有题名语言（书名、刊名、篇名等）、著者语言（著者、译者、编者、团体著者等）、号码语言（专利号、标准号、报告号等）。

第二节　文献、信息、知识和情报的关系

一、文献

（一）文献的定义

"文献"一词最早见于《论语·八佾》。南宋朱熹的《四书章句集注》中记载："文，典籍也；献，贤也。"所以，这时候的"文"指典籍文章，"献"指的是古代先贤的见闻、言论以及他们所熟悉的各种礼仪和自己的经历。宋代马端临在《文献通考》中将"文"与"献"作为叙事与论事的依据："文"是经、史历代会要及百家传记之书；"献"是臣僚奏疏、诸儒之评论、名流之燕谈、稗官之记录。在他的影响下，古代关于文献的认识，便只限于一般的文字记载，不能表达为文字记载的东西则不能称之为文献。今天我们所说的文献，主要指有历史意义、比较主要的书面材料，广义的文献是指记录有知识的一切载体。依据国际定义，文献乃是一切情报的载体。1983年7月2日发布的中华人民共和国国家标准《文献著录总则》（GB3792.1-83）关于"文献"的定义是："文献：记录有知识的一切载体。"在这一定义中，有两个关键词："知识"是文献的核心内容，"载体"是知识赖以保存的物质外壳，即可供记录知识的某些人工固态附着物。

也就是说，除书籍、期刊等出版物外，凡载有文字的甲骨、金石、简帛、拓本、图谱乃至缩微胶片、视盘、声像资料等，皆属文献的范畴。

（二）文献的类型及特点

1. 按文献的载体形式划分

按文献的载体形式可划分为：印刷型、缩微型、机读型和声像型。

（1）印刷型：指以纸张为载体的文献记录形式，也是目前使用的主要形式，包括油印、铅印和胶印。优点是阅读方便、便于流通；缺点是笨重、占空间大、存储密度低和管理困难。

（2）缩微型：以感光材料为载体、缩微照相为记录手段的文献记录形式，包括缩微胶卷、平片等。优点是体积小、重量轻、存储密度高且便于保存转移；缺点是不能直接阅读，必须借助专门的阅读设备。

（3）机读型：计算机可读型，是以磁性材料为存储介质，通过编码和程序设计，把文献资料转换成机读语言，成为供计算机使用的新型载体，包括磁带、磁盘和光盘等。其优点是存储密度高、存取速度快和原有记录可改变更新；缺点是需要计算机才能使用，价格较高且对技术要求较高。

（4）声像型：又称视听型，是以磁性或感光材料为存储介质，采用录音、录像或摄影技术手段直接记录声音、视频图像而生成的一种文献信息，如唱片、录音带、录像带、电影等。优点是可直接脱离文字记载，听其声、观其形，给人以生动直观的感觉，尤其对科学观察、启迪思路有积极的作用；缺点是需要专用设备，成本较高。

2. 按文献不同加工程度和级别划分

按文献不同加工程度和级别可划分为：零次文献、一次文献、二次文献和三次文献。

（1）零次文献：是绝对意义上的原始文献，主要指尚未载入正规载体上的一类文献总称。如书信、手稿、患者病历、生产日记和会议记录等。

（2）一次文献：又称原始文献。是相对意义上的原始文献，是指作者以自己的研究成果为基础创作、撰写的文献，这是对知识的第一次加工，具有创造性。如期刊论文、科技报告、专利说明书、会议论文及学位论文等。

（3）二次文献：又称检索性文献。指文献工作者将大量分散的、无序的原始文献加以筛选，留下有价值的文献，进行加工整理。或按文献的内容特征（如主题、分类），或按文献的外部特征（如著者、篇名等）进行提炼、浓缩、简化，编辑成系统的工具性文献。如文摘、索引书目等检索工具，专为查找原文之用，这是对知识的第二次加工。

（4）三次文献：又称参考性文献。是指利用二次文献系统地检索出一批有关的文献，并运用科学方法和专业知识对其进行深入研究后撰写出新的文献。它们可以是书（专著）或期刊论文等，与一次文献非常相像，但又不同于一次文献，三次文献是对知识的再加工（第三次加工）。

以上四种文献中，零次文献是一次文献的基础和素材；一次文献是对研究成果进行组织、加工、综合的产物，具有高度浓缩性、综合性和参考性的特点，是情报研究的成果，也是信息检索的主要工具。

3. 按内容公开程度划分

按内容公开程度可划分为：白色文献、灰色文献和黑色文献。

（1）白色文献：是指一切正式出版并在社会，上公开流通的文献，包括图书、报纸和期刊等。这类文献通过出版社、书店、邮局等正规渠道发行，向社会所有成员公开，其蕴含的信息大白于天下，人人均可利用。

（2）灰色文献：是指非公开发行的内部文献或限制流通的文献，包括社会公开传播的内部刊物、内部技术报告、内部教材和会议资料等。这类文献出版量小，发行渠道复杂，流通范围有一定限制，不易收集。

（3）黑色文献：主要是指处于保密状态或涉及个人隐私内容的文献，如未解密的政府文件和单位内部档案等。这类文献除作者以及特定人员外，一般人很难获得和利用。

4. 按文献的出版形式划分

按文献的出版形式可划分为：图书、连续出版物（报纸、期刊）、会议文献、科技报告、专利文献、标准文献、政府出版物、学位论文等。

（1）图书：是最早的文献类型之一，是一种成熟定型的出版物，它历史悠久，数量庞大，影响深远。其内容特征是主题突出，内容成熟，论述全面，多是编著者长期经验和学识的积累；形式特征是完整定型，有封面、书名页、目次、正文和版权页，装帧形式成熟。

（2）连续出版物：采用统一名称定期或不定期连续性发行的出版物，主要指报纸、期刊和年度出版物。连续出版物一般有连续的卷、期或年月日顺序号，具有出版周期短、报道文献快、内容新颖、信息量大，能够及时反映新理论、新技术、新方法和新动向，迅速传播的特性，已成为广大民众和科研人员阅读量最大的信息媒介。

（3）会议文献：是指在国内外各个科学技术学会、协会及有关主管部门召开的学术会议或专业会议上提交、宣读或交流的论文或报告。会议文献内容全面、集中，涉及面广泛而有一定系统，反映了科技发展的水平与动向。特别是经过编辑、加工的会议文献，不仅水平较高，而且内容十分精练。

（4）科技报告：是指科研工作成果的正式报告或是对科研进展情况的实际记录。其特点是连续出版，刊有机构名称、报告号，自成一册；在内容上专深且具体，往往是最新成果，比期刊论文详尽，其数据也比较完整。

（5）专利文献：主要指专利说明书，是专利申请人向政府专利局递送的关于新发明创造的书面文件。由于申请人为了证明自己的发明新颖，以取得法律上的保护，往往尽力详细地说明其发明的特点、研究目的、实验过程等。因为它的内容比较详细具体，在一定程度上能反映各国的科学技术水平和成就，所以是一种对工程技术人员和设计人员富有启发性的参考文献。专利文献具有新颖性、创造性和实用性的特点，并具有垄断性、地域性、时间性、公开性和法定性的特征。

（6）标准文献：是指对工农业产品、卫生教育、行政机关和工程建设的质量、规格、检验方法及管理等所做的技术规定，由主管机构批准，以特定形式发布，共同遵守的准则和依据，具有一定的法律约束力。

（7）政府出版物：一般是指由各国政府部门及其专设机构所发表、出版的配合政府工作的行政性文件和科技文献，如法律法规、统计、公告、专题报告、调查报告和技术政策等。政府出版物具有正式性和权威性的特点，对了解各国政治、经济具有独特的参考价值。

（8）学位论文：是指高等学校或科研机构的毕业生为评定各级学位而撰写的论文。学位论文是作者经过一年甚至一年以上的专门研究而完成的，经过专家的评审和答辩，带有独创性的文献。特别是硕士论文和博士论文，往往有着新颖独到的见解和全面系统的论述，对科研和生产具有重要的参考价值。

二、信息

（一）信息的定义

随着现代社会文明和科技进步，信息已成为时代的重要特征，它与物质、能源一起并称当代社会三大资源。其内涵和外延在不断扩展，渗透到了众多领域，在人类社会中发挥着重要作用。

信息普遍存在于自然界、人类社会等领域，对于信息的含义，迄今没有统一、确切的定义。目前比较具有影响力的说法是：原指消息的传递，现指应用文字、数据或者信号等形式通过一定的传递和处理，来表现各种相互联系的客观事物在运动中所具有的特征性内容的总称。

（二）信息的特征

物质是信息的来源，但信息不是物质，精神世界也是信息的来源之一，但信息不完全来自精神领域。信息归根到底是物质的普遍属性，是物质运动的状态与方式。信息的物质性决定了它的一般属性，它们主要包括普遍性、客观性、无限性、抽象性、不守恒性、复制性、复用性、相对性、共享性、依附性、可传递性、可变换性、可转化性等。下面从客观性、依附性、可传递性等方面分析信息的特征。

1. 客观性

信息不是虚无缥缈的事物，它的存在可以被人们感知、获取、传递和利用。信息是现实世界中各种事物运动与状态的反映，其存在不以人的意志为转移，信息最重要的本质特征是客观、真实。

2. 依附性

信息不是物质，也不是能源，但是它依附于物质及其运动之中。现在把信息的载体称为媒介或介质，例如光、电、磁、纸等。信息通过载体进行存储和传递。任何信息都依附于特定的媒体而不能独立存在和交流。载体信息的多样性导致了信息的多态性，如文件、书刊、电讯、广播、电影、电视、录音、录像等的采用，造成信息的不同形态。

3. 可传递性

各种信息都具有通过多种传送装置与系统向外传送的特性。这是信息的特点之一。可以用电话、电报、传真、电传打字机、无线电及其电子装置等形式，把信息从一个地方传到另一个地方，突破了时间和空间的限制。

4. 可塑性

信息的可塑性指的是信息可以被接受，可以被加工，可以对其进行各种载体的转换。人类可以通过自己的各种感觉器官去感知信息，进而识别信息的内容，并接受它。感知后的信息，可以由认识主体进行加工处理成自己所需的形式。

5. 时效性

信息不脱离信源时,是随信源状态实时变化的;当信息脱离了信源,它就成了信源状态的记录和历史,因而它的效用可能会逐渐降低甚至完全失去效用,这就是信息的时效性。信息的时效性要求我们及时地获取和发挥信息的效用,不断地补充和更新知识。这一性质对信息保密也很重要。

6. 共享性

一般的物质、能量资源为所有者拥有,在交换(使用)过程中实现所有(使用)权的转移,转让方失去,受让方获得。这种交换和转移遵循一定的原则(如等价交换)。但信息可以在不同的载体间转换和传播,并且在转换和传播的过程中不会失去和消失,同一种信息可以在同一时间或不同时间为两个或两个以上的用户获得、使用。信息从一方传递给另一方后,受让方获得了信息,而转让方并没有失去信息。正是由于信息的共享性,全世界数十亿人能同时观看世界杯足球赛,能同时通过各种信息载体跟听网络公开课,学习大师们的学术研究成果等(如爱课程、网络公开课、国内大学名师讲堂、学术论文、科研项目、著作等)。也正是信息的这种特性,使我们所处的世界变得丰富多彩。

三、知识

(一) 知识的定义

知识是人类在实践中认识客观世界(包括人类自身)的成果,它包括事实、信息的描述或在教育和实践中获得的技能。知识是人类从各个途径中获得的经过提升总结与凝练的系统的认识。在哲学中,关于知识的研究叫作认识论,知识的获取涉及许多复杂的过程:感觉、交流、推理。知识也可以看成构成人类智慧根本的因素。知识具有一致性、公允性,判断真伪要以逻辑而非立场为依据。知识的定义在认识论中仍然是一个争论不止的问题。罗伯特·格兰特指出,尽管"什么是知识"这个问题激发了世界上众多伟大思想家的兴趣,但至今也没有一个统一而明确的界定。关于知识的定义,国内外众多专家学者目前还没有提出统一的定义。较有代表性的观点主要有下列几种:

Zander(1992)认为,知识是构造团体之间用以指导组织的成员在特定情境中行为的意识。

Leonard、Sensiper（1998）指出，知识包含那些具有相关性与可行性的信息，具有主观性，基于生产实践的经验也是知识。

Long、Fahey（2000）认为，知识是认知主体进行脑力思考后的精神产品，隶属认知个体或组织团体，往往嵌入某个概念、事件、语言、工具或过程中。

Betrand Russell 认为，知识的概念具有模糊性，不同社会时期、不同学科的专家学者对知识的理解与定义是不同的。

Peter Druker 认为随着社会生产力的发展与提高，知识的概念也在不断演变。在上古社会，人类祖先借助生活实践经验来启迪思想或增进智慧；工业革命以后，人类社会进入工业文明时期，不同行业、学科的知识变得更加体系化、组织化，知识的应用性不断提高；进入知识经济时代以后，人类更加渴望利用先进知识并将其最大化地转变为社会生产力。

Webster 词典对知识的定义是：知识是人类在生产生活实践活动中通过不断调查、验证而获得的对客观世界的正确认识，是人类关于客观事物运作原理及真理的全部认识。

董小英认为，知识是客观事物包含的信息内容在人类认知图式的支持下，经过分析、整合、创造的有序信息集合。

钟义信认为，知识以众多信息为原材料，认知者对信息进行分析、整合、思考所得出的智力产物就是知识。

知识是具有层次性的智力产品。一般情况下，知识有四个层次，分别是：离散性的数据、对数据进行提取后产生的信息、对信息进行挖掘整合后形成的知识、对知识进行智力综合后产生的智慧。知识的最高层次就是智慧，是人们综合运用客观事物发展规律的思维结果，智慧与认知者的综合素养（个人信仰、智力水平、世界观、价值观等）有很大关系。

（二）知识的特征

1. 意识性

知识是观念形态上的一种概念，在人的大脑中产生，人们可以认识它，利用它。知识形式一般较多，如推理、判断、概念、预计等有关思维的形式和范畴类的概念。

2. 信息性

信息是知识产生的养分和原料，知识经过人们的认识和理解在大脑中进行系统化的组织成为新的信息，信息再组织凝练的过程就是人的思维过程。

3. 实践性

实践是知识的来源，认识可以反作用于实践，可以指导实践。任何知识都是由人类的实践活动总结的，书本上的间接知识获得就是先者们对于以前直接活动的经验总结。

4. 继承性

所有知识都是人们对实践的认识和概括的总结，也是后者对先辈们经验的继承与发展。知识的发展过程就是实践—认识—再实践—再认识这样无限循环的过程。这个过程中既有对原本获得知识的发展以及深化，又是新知识产生的前提和基础。知识经历被记录或者被物化的过程后就转化为劳动产品，产品就可以被一代代人使用并流传下去。

5. 科学性

对客观事物发展规律的科学准确概括就是知识的本质属性。科学如果变成伪科学，那就是脱离了对事物运动规律的认识和总结，不能被称为知识。深化对事物运动规律的认知，不断对知识进行完善和更新，才能发展知识。

6. 规律性

人们发现认识是无限发展的，会随着时代的发展而发展，现有的认识是人们利用已经获得的知识对事物及运动的规律在一定层面的解读。

7. 渗透性

知识的种类越来越多，各种知识的相互渗透就变得明显，就会融合成许多新的知识类别，从而形成知识的科学网状结构，并逐渐变得系统化。

四、情报

（一）情报的定义

情报是在特定情况下，在一定的时间内，对某一部分人来说是特殊的、有用的知识和信息。情报的一部分归属于知识范畴，一部分在知识的范围之外，但在信息的概念之内。情报就是因鲜明的指向性而特别存在的。

在现代社会，对于情报的理解，学术界有统一的认识。一是情报来源于信息和知识，是对它们的处理和再加工。二是广义上的知识和信息并不等同于情报，只能将其认为是交流双方间有效的知识和信息。现代对于情报的定义已经发展到"特定性情报""决策性情报""竞争性情报"等，进入了社会各阶层领域。

（二）情报的特征

1. 情报的知识性

人们在日常的生产生活中，可以利用各种媒介，例如书刊、广播、微信、电视等，随时随地进行信息的接收和传递，这些信息不仅包括理性信息，也包括感性信息，当然也包括人们所需的情报信息。情报的本质就是知识，或者可以理解为，情报是建立在知识内容基础上的，没有内容的情报不能称之为情报。

2. 情报的传递性

情报的传递性是指知识需要经过运动才能转化为情报。著名科学家钱学森曾说："情报是激活的知识。"这也表明了情报具有传递性。不论任何文献或者人的大脑中储存了多么丰富的知识信息，如果不将知识进行传递和交流，就不能证实其真实存在性，也就不能成为情报。情报需要传递也就意味着它需要借助一定的手段或者物质形式，这种物质形式包括电波、声波、报纸等印刷刊物或是其他。在这当中，以印刷物等形式出现的文献是主要的形式。

3. 情报的效用性

情报是因运动的需要而传递的，但不是所有运动着的知识都是情报，只有那些在特定情况下可以满足要求的才是情报。例如，人们每天可以通过广播获得大量的信息，这些信息就是有代表性的运动的知识，但对于很大一部分人来说，这些广播的内容只是信息的传递，而只有一少部分人可以利用广播的内容进行问题的解决和信息的传递，对于这部分人来说，这就是情报。

五、文献、信息知识和情报关系简析

信息的概念是广泛的，信息存在于许多领域，不论是人类社会还是自然界都有信息的身影。不同类型事物的特征不同，这些特征能通过特定的物质形式，例如电磁波、声波、光波、图像等传递给人们一定的信息。比如，人的大脑接收外界的信息及感知变化是通过感觉器官来获得，这就是信息的传递。知识是人的主观世界对于客观世界的真实反映和正确总结，是人们对于社会实践活动经验的认识和概括。知识也是人类将自己对社会生活、对自然界以及客观规律的认识进行信息化的表达，知识是人的大脑将信息进行排列组合再通过思维加工的系统化的信息集合。因此，人类可以通过以往的信息对世界进行认知、改造，也需要将这个过程中获得的信息升华为知识，所以知识是信息的组成部分。信息还有其他成分，例如情报、文献等。情报人员将情报源进行处理再通过特定的手段将正确的情报传递给情报的接收人，让情报最大限度地发挥其应用价值。由此可见，情报的产生需要将知识传递出去。文献则又有所不同，它用符号、文字、图形、声音、视频等技术记录人类社会和自然界发生的事情，是知识的载体。

由此可知，知识和情报都是信息的一部分，而文献是知识的一种载体。信息、知识、情报、文献四者的关系如图 5-1 所示。

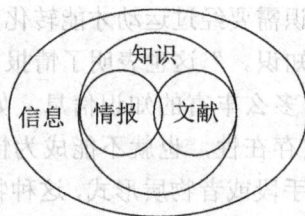

图5-1　四者的关系

第三节　培养信息获取和利用能力的重要性

一、大学生能力结构的基本模式

大学生能力结构模式总结如图 5-2 所示。我们可以看出，能力的基础是学习能力和适应能力；在同一个层次的表达能力、分析能力、实践能力和观察能力是互相影响、互相制约的；各种能力互相促进，整体获得提高，最终将促进创新能力的提高；各种能力可以独立发挥作用，又能互相制约、促进，从而构成能力的有机整体。大学生的能力在这种能力结构的互相作用下不断进步与完善。

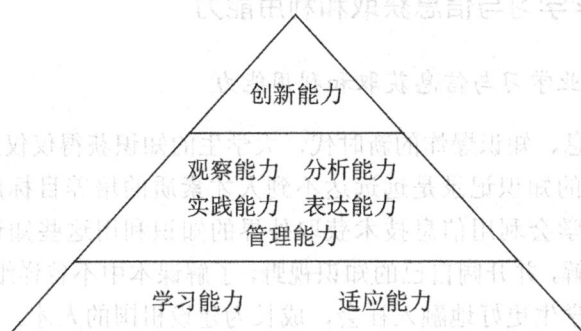

图5-2　大学生能力结构模式

二、信息能力在大学生能力结构中的地位

人们对信息的获取、处理、利用、传播、再创造的能力就是信息能力。从目前的发展来看，大学生的信息能力主要可以从两个方面进行评价：一方面，大学生是否具备独立自主学习和继续学习的能力，与他人友好交往、团结协作的能力，创造性能力和与他人竞争的能力；另一方面，大学生是否具备优质的信息素养，能否通过各种途径有目的地搜索信息，分析并获得对自己学习有帮助的信息，是否能够通过网络表达自己的真实想法并与人交流、学习和合作的能力。

这里提到的独立自主学习和继续学习的能力就是所谓的学习能力，与他人交流合作的能力也是能力结构中适应能力的组成部分，搜索、分析、获得有效信息的能力是观察能力和分析能力的一部分，对信息的传播与表达可以归结为语言表达能力的一部分。总而言之，信息能力对大学生来说至关重要，因为它不仅是大学生基本能力的组成部分，也是锻炼大学生其他能力的基础和桥梁。

使大学生了解最新的科研成果，在学习和工作中了解自身信息需求并对信息进行组织、利用，能利用信息检索获得有效的信息，并评价信息的价值程度，是提高信息能力的重要作用。有观点认为，只要掌握了信息检索的各种途径和方法，掌握了获取知识的捷径，在信息检索的学习过程中，还可以培养学生的情报敏感度，帮助学生建立有序的逻辑思维方法，这样就可以提高学生的信息技术能力，以及信息综合能力。

三、大学学习与信息获取和利用能力

（一）专业学习与信息获取和利用能力

在这个信息、知识爆炸的新时代，大学生的知识获得仅仅通过教师的课堂讲授和书本的知识记录是远远达不到人才素质的培养目标的。在学习过程中，学生要学会利用信息技术获取外界的知识利用这些知识来辅助对于课堂知识的理解，并开阔自己的知识视野，了解课本中不曾详细讲解的知识。这样也有利于学生更好地融入社会，成长为建设祖国的人才。

（二）毕业设计与信息获取和利用能力

毕业论文与毕业设计需要大学生综合运用学到的知识，以实际问题为突破口，进行科学探索、文献研究或者设计创新等，并得出自己的研究理论或设计出产品，进而完成论文和毕业设计。在整个写作或者设计的过程中，学生需要以大量的文献或研究信息为参考，这就意味着，信息能力的强弱将直接影响论文写作或是毕业设计的好坏。

（三）科技发明（科技竞赛）与信息获取和利用能力

学校通过举办各种类型的科技活动为学生提供增强科研能力、提高科研素质的机会和平台。科研活动包括"校园科技节""发明比赛""科技竞赛"等项目。这样的活动不仅可以培养大学生的科研创造能力，也能提高其独自解决问题的能力和实践操作能力。

大学生参加各类科技竞赛或者发明创造活动，首先需要确定科技发明的类型和主题，参考国内外关于这个主题的研究现状，在前人研究成果的基础上，进一步研究和深化主题，以自己的新思路开拓新的研究领域，展开研究。要做好这类发明研究，就需要获取科技文献和信息。例如，大学中经常会举办数学"建模"比赛，这类活动是数学知识和课外知识的综合运用。为了能完成超出所学范围的数学竞赛，学生就需要获取和参考大量的科技知识和文献，具备获取科技信息的能力。

（四）择业（求职）与信息获取和利用能力

求职是每个大学生都会面临的问题。大学生可以通过查阅科学信息或者文献资料来了解企业的发展历史、经济实力、研究成果等情况，方便在了解企业整个情况的基础上与企业沟通。

大学生在求职面试的过程中，事先了解企业的整体概况，在面试时就更具备优势，容易咋激烈的就业竞争中脱颖而出。如果在日常的学习中积累了更多的知识和技能，在面试时以自己专业的业务能力和表达能力表现优异，更容易获得用人单位的青睐。因此，在求职面试时，具备信息获取和利用能力的大学生更易获得自己理想的工作。

（五）参与工作及今后事业的发展与信息获取和利用能力

具备良好的信息素养不仅能帮助学生更快地适应专业课程的学习、完成毕业设计、参加各类竞赛活动以及择业，并且对今后的成长及事业的进步有重要的作用。如今的社会是信息高度发达的社会：一方面，人人都可以通过各种途径获得想要的信息；另一方面，学科的精细化与分工高度明确，学科间的互相交叉、影响，使得边缘学科和综合学科都在增加。面对如今的社会发展情况，想要让学生在大学阶段就掌握工作所需的所有信息和知识是不现实的，关键还是需要依靠信息素养以及新知识的获取能力。

总而言之，大学生经常利用图书馆资源查阅相关信息，并利用获取的信息培养自己的综合能力将使自己受益匪浅。

四、信息检索课与信息能力的培养

在我国的学科教学中，信息教育通常是通过信息检索课程开展的，目前，信息检索课程也是大学生获得信息教育的主要形式。信息检索课的设立是依据我国现实国情以及社会实际需求而开设的。教育部于1984年颁布了《印发〈关于在高等学校开设文献检索与利用课的意见〉的通知》，1922年5月国家教委又颁发了《文献检索课教学基本要求》，都是为了提高高校对学生信息素养培养的重视，提高学生的信息能力，使大学生能利用多种信息检索系统获得新的信息。

信息检索课设立的宗旨是培养大学生的信息素养和提高其信息意识，着力培养学生获取信息和利用信息解决问题的能力。信息素养教育主要包括以下几个方面。

首先，学生可以利用传统的图书馆培养自己查阅信息、收集信息、处理信息的能力，这也是信息素质的基本能力；其次，学生可以利用数字图书馆了解各类媒体视频资料和最新的研究理论；最后，开展网络知识教育，使学生全面了解信息资源的特点及分布，学习利用网络途径检索信息，获得有效的信息，并能通过获得的信息帮助学习以及解决生活中遇到的问题。

学校通常利用先进的多媒体技术进行信息检索课程的教学。信息检索课程一般会布置综合性较强的作业，例如要求大学生利用课上学到的信息技术知识，并运用适当的信息查询工具，查找本专业新的研究动态以及理论成果，或者是查找本专业著名研究机构。这是一个需要查询整理的综合性任务，可以很好地检验大学生收集信息的能力以及处理信息的水平。

总而言之，信息检索课的开设主要是为了让学生学习各种信息检索途径，拓宽知识面，开阔眼界，为自己以后的学习、工作和生活奠定扎实的信息基础。大学生在信息检索课上不仅能够获得有效的信息，更能够获得信息检索的方法。这是教学的重中之重。

第六章　高校图书馆信息素养教育研究

第一节　信息素养概述

一、信息素养的内涵

从逐渐完善定义的过程来看，信息素养是一个综合性的概念，其基本内容包括：要有信息意识，能有效地利用信息源，能对信息进行批判性的思考，并能将有用信息融进自己的知识体系，主动鉴别各类信息，获取所需信息并对其进行评价和分析，具有开发和传播信息的能力等。信息素养的内涵主要包括信息意识、信息知识、信息能力和信息道德四个要素。

（一）信息意识

信息意识是人对信息敏锐度的表达，是人对自然和社会中各类现象、观点、理论、行为等，从信息层面的理解、体会、判断、评价。简单来说，面对未知的、不理解的事物，要积极寻找答案和解决的途径，并了解以什么样的方式去寻找，这就可以理解为信息意识的含义。当今时代，人们的信息意识就体现在对现有信息的把握程度上。信息意识强的人可以积极利用已知的信息资源，对未来的信息做出正确的判断。信息意识已经成为现代人必备的素质之一。

（二）信息知识

信息基础知识和信息技术知识是信息知识的两个组成部分。信息基础知识主要包含信息的特征、含义，信息源的特征、种类，信息组织的基本知识和基础方法，信息分析的原则和方式，信息获取和整理的理论，信息交流的模式和形式、种类等；信息技术知识主要有信息系统的工作原理、组成部分、结构框架、信息技术的影响与作用、信息技术的基本理论与发展历史、有关信息技术的法律法规等。

(三)信息能力

身处信息时代，如果只是具有强烈的信息意识和丰富的信息知识，而不具备较高的信息能力，就无法有效地利用各种信息工具去收集、获取、传递、加工和处理有价值的信息。

信息能力是指人们在社会生活或科学研究中查找、整理、加工、传递、交流和利用信息的一种直接的或潜在的能力，它包括信息获取能力、信息处理能力、信息评价能力、信息利用能力和信息交流能力等。信息能力主要概括为以下几个方面。

1. 信息获取能力

即个体或系统在获取、处理和理解信息方面的能力。它包括了从各种来源收集信息的能力，如书籍、互联网、社交媒体、人与人之间的交流等。同时，信息获取能力也涉及筛选、分析和解释信息的能力，以便从大量信息中提取有用的知识。这一能力对于学习、解决问题和做出决策都至关重要。

2. 信息选择能力

即个体或系统在面对大量信息时，能够有目的地、有效地筛选并选择出与其需求或目标相关的信息的能力。这包括对信息的评估、过滤和优先排序，以便获取最有用、可靠和适用的信息。信息选择能力对于应对信息过载和提高工作效率非常重要，帮助个体或系统更好地集中注意力，并从众多信息中快速找到所需信息。

3. 信息整理能力

即指主体按照特定的目的要求，将获得的信息进行分类排序、考查鉴别、筛选剔除、改编重组等加工处理，使其有序化，尤其是运用先进的数据库技术，使信息的整理达到比较高级有序的程度，以提高信息的使用价值。面对无数的信息选择，能够根据自己的需要，评价、筛选出对科学研究有价值的信息，并能对获取的信息进行重新组织、整理、加工、分析和整合，提高信息的利用率，加速创新的过程。

4. 信息利用能力

即指个体或系统在获取和选择信息后，有效地应用和运用这些信息的能力。这涉及对信息进行理解、分析、整合和应用的过程。信息利用能力使得个体能够将获取的知识应用于解决问题、做出决策、创造新的理念或产品，以及在实际情境中发挥实用价值。这种能力需要具备一系列认知技能，如批判性思维、逻辑推理、问题解决、创造性思维等。

5. 信息交流能力

创新往往是各种不同思想在交融与碰撞中产生的火花。掌握必要的信息交流技能，通过各种渠道和其他领域的专家进行不限时空的信息传递和信息交流，将有利于促进创新结果的产生。

（四）信息道德

它是指在信息的获取、储存、加工、整理、传播等各个程序中，用来约束各种社会关系的道德行为、道德约束、道德理念的总和。例如，对个人隐私的尊重、信息安全的维护、知识产权的保护、不良信息的抵制等。通过约定俗成的习俗或者社会舆论的制约等，人们从观念和行为上形成一定的思想和习惯，从而自觉约束自己的信息行为，并运用思想观念来评价别人的信息行为。

四个不同方面的信息素养要素构成一个互相制约、互相影响的整体。信息意识是先行者，信息知识是基础能力，信息能力是关键、信息道德是约束力。学校需要重视信息教育，对大学生进行全面、多层次的信息系统教育，使大学生全面掌握信息技术素养，确保大学生的信息素养能得到更好的提升。

二、信息素养与相关术语的关系

随着信息技术的发展，许多与信息素养相关的概念或术语相继出现，同时被人们广泛使用。理解和辨析这些术语和概念，明白这些术语的相互关系，将有助于我们更好地理解信息素养的内涵。

（一）计算机素养

计算机可以说是人类重要的信息处理工具，具备计算机常识和掌握计算机应用技能是现代社会对大学生的基本要求。具备计算机素养的人能够熟练地、有效地利用计算机及其软件完成实际工作任务，计算机素养是信息素养的重要组成部分。

（二）媒体素养

媒体素养是随着信息技术和大众传媒的发展而产生的，是人们面对声、光、电、网络等各种形式载体信息的解读、理解、批判、利用、创造及传播能力。特别在现代社会，随着新媒体、自媒体、流媒体、融媒体的出现，媒体素养显得尤为重要。

（三）视觉素养

视觉素养是"读图时代"人们的基本素养，具有视觉素养的人能够理解、解读图形、图像、图表、符号等视觉对象的意义，利用视觉符号进行沟通交流以及创造信息。影响视觉素养的因素是多元而复杂的，包括语境、文化道德、审美、智力等因素。现如今，越来越多的研究成果和学术报告青睐于以可视化图表的方式来呈现，因此，大学生要注重视自身觉素养的培养和塑造。

（四）数字素养

"数字素养"一词最早出现在 20 世纪 90 年代。受制于当时信息技术的发展状况，很多学者使用"数字素养"指代"阅读及理解超文本或多媒体格式信息的能力"，更多强调理解数字信息的技术技能。《国际图联数字素养宣言》（《图书馆论坛》2017 年第 11 期）提出："数字素养"指控制利用数字工具的能力。国际图联提出一个结果导向的定义，具备数字素养意味着可以在高效、有效、合理的情况下最大限度地利用科学技术，以满足个人、社会和专业领域的信息需求。美国图书馆协会发布的《数字素养工作组报告》并未给出明确的数字素养内容，但提出数字素养合格者应具备的以下五种能力：①操作数字设备的技能，即能够正确高效地使用各种数字设备的能力；②各种认知和技术技能，即对各种形式的数字信息进行搜索、理解、评估、创造和交流的能力；③进行数字交流合作的能力，即通过适当的数字设备和技能同他人进行交流和合作的能力；④批判性的认知能力，即能够批判性地认识技术、道德、法律、个人隐私等之间的关系；⑤参与并服务社会的能力，即利用自身的数字技能积极参与社会事务，为构建有活力的、数字化的、和谐的社区做贡献。数字素养是现代信息社会对大学生提出新要求。

（五）终身学习

终身学习是指社会的每一个成员为适应其社会发展及实现个体发展的需

要，贯穿于人的一生，持续的学习过程。它是指学习者根据自身的目标，有计划地、自觉地通过探究式学习解决一生中可能遇到的各种问题，提高生活、工作质量的过程。终身学习是现代大学生应具备的一种学习思维和学习方式，适用于所有学科、各种学习环境、各层次的教育和人生各阶段。因此，对个人自我发展和学习生活而言，终身学习能力至关重要，而终身学习能力的核心和关键因素就是信息素养。

第二节 信息素质教育服务

对于现代高校图书馆而言，它的创新点就是扩大教育职能。随着知识经济的到来、信息时代的挑战、学习型社会的建设，高校图书馆必须调整自己的职能，将传统的提供资料为主的服务类型转变为提供教育为主的服务类型，在服务职能方面缩小范围，扩大教育职能范围。现代化的图书馆需要将信息素质教育作为主要职能，提升图书馆的知识形象，让高校图书馆成为教师和学生求知、问学、创新、研究的主要场所。

一、高校图书馆进行信息素质教育的主要方式

（一）增强高校图书馆的信息素质教育能力

增强高校图书馆的信息素质教育能力包括改善图书馆的硬件和软件设施，对相关的工作人员进行全面系统的培训和继续教育，提高专职人员的专业能力，提高图书馆的整体管理水平。

（二）加强信息素质教育

加大信息素质教育价值的宣传力度，可以让学生从进入校园的那一刻就了解信息素质对他们来说有怎样的意义和价值，从而增强学生对于信息素质的培养欲望。

（三）培养信息意识素质

信息素质的基础和核心是信息能力。信息能力的前提和基础是信息意识。信息意识贯穿了信息能力培养的整个过程，信息意识足够强烈才能提高信息能力。因此，高校图书馆可以着重对学生进行信息意识教育，培养他

们对于事物的敏锐度、感悟力、洞察力，以及对已有信息的判断和评价能力，最终形成个性化的自我信息意识。

（四）增强信息能力素质教育

信息意识的表现是从发现信息开始再到获得信息，最后利用信息技术解决具体问题。信息能力的强弱也决定了学习者能不能选择合适的信息技术以及信息工具，能不能采取适当的方式和手段，能不能找到正确的途径解决问题。运用信息知识、工具、技术解决问题的能力就是信息能力。它包括信息资源的收集、整理及管理水平，对信息基本原理和概念的了解与掌握能力，以及信息处理过程中的设计能力等。信息能力是学生在高校学习期间必须掌握的获取信息的能力和技术，这也是终身学习理念的要求。图书馆可以利用自身丰富的智力资源和物质资源来推进这一教育职能的实现。

（五）树立信息道德素养观

人们在信息的获取过程中应当遵从的规范和规则就是信息道德。它约束了人们获取信息资源的方式和行为。在这种约束的管理下，信息才能安全、有秩序地传播，并不会带有伤害性。作为信息社会中守礼守法的公民，我们要遵守公民的基本道德规范，信息道德素养就是其中一个。高校图书馆需要设置相应的学科课程，在一定的学时内为学生普及这方面的知识素养，注重培养学生的信息道德素养。

二、大学信息素质教育体系的结构

为了使论述更加清晰，我们将信息素质教育体系结构做了如下定义：如果把信息素质教育的整个过程看作一个系统的话，那么，系统的运作需要每一个彼此关联的子系统的配合，这样的结构形态就是信息素质教育体系结构。可以将它分为四个系统，分别是信息素质教育的动力系统、内容系统、评价系统和发展系统。

（一）信息素质教育的动力系统

信息素质的教育方和学习方决定了它的动力功能，但在其中发挥决定性作用的是教师。教师缺乏对自己专业的教育激情是不能在教学中点燃学生的学习热情的。动力系统本身并不能传授学生知识，因此常常容易被师生忽略，但它又真实存在于教学的整个过程，教师是否具备教育的动力在很大程度上会影响整体教学效果。当然，只有动力，没有实质性的教学内容，不仅动力没办法长久保持，而且容易本末倒置。

（二）信息素质教育的内容系统

信息素质教育的内容包括三个不同阶段：启蒙阶段、技能训练阶段和文化延伸阶段。对图书馆新生进行入学教育可以被称为启蒙阶段，这个阶段主要为了使大学生主动探索信息，能够自主学习，并唤起他们将图书馆当作第二课堂的意识。

技能训练阶段即讲授文献检索课。为了便于理解和记忆这个概念，我们可以将文献检索课的内容生动形象地概括为"两个知道"，简单理解就是"自己知道"和"让别人知道我知道"。"自己知道"就是指，让学生了解用什么方法可以找到有价值的信息。这里"有价值"很关键，需要跟传统的"需要"信息区分开，可以理解为不仅要让学生领悟数据库常用的检索方法，而且要让学生掌握利用数据库显示的信息线索对信息进行选择和评价，并从中发现并提出"好问题"。

"好问题"是需要经过论证的，这是毫无疑问的。"让别人知道我知道"就是论证的过程，所以文献检索课程需要通过让学生撰写一篇有关文献的综述来完成结课考试。这对以前单纯地训练文献检索技能形式来说，无疑是一次变革。如果以前是为了检索而检索，那么，现在检索的目的就是为了发现"好问题"，并将其结果以文献综述的形式呈现出来，以其达到"让别人知道我知道"的效果。这样的话，文献检索不仅能目的明确，而且能通过撰写综述提高论文写作能力，从而帮助学生日后能更好地参加学校组织的各种论文比赛，并为将来毕业论文的撰写积累实践经验。这些内容能在有限的课时内完成教学，当然离不开互联网等现代信息技术的改革与发展。

互联网不仅影响了科学技术，它在文化方面也有所渗透。信息素质教育也是为了培养学生的国际视野，显然，这已经不是单独靠技术来解决了。文献检索课如果在技术层面解决了获取国际信息资源的问题，那么，全球化的视野观就需要从思维层面以及文化层面来入手。因此，我们进行了新的尝试——开设了一门新的课程，即文明的历程。如此，文献检索课程、图书馆新生入学教育、文明的历程就形成了一个有机的课程体系，可以完成启蒙、技术、文化三个层面的教学。

（三）信息素质教育的评价系统

图书馆新生入学教育主要为了使学生了解到除了课堂，还有一个第二课堂可以进行广泛的学习。自主学习就是让学生利用图书馆的第二课堂进行有效学习。学生在校期间的学习成果可以利用图书馆的效果来检验，所以也不需安排考试。不过，新生入学教育的教学成果，图书馆的一线工作人员才能切身体会到，能否开展，效果也大不相同，这也是图书馆重视新生入学教育的原因之一。

文献检索课程需要学生撰写一篇自拟题目的文献综述用作结业考试，在撰写文献综述时需要在原有资料上进行创新，而不是凭空想象。那么，对原有研究成果资料的整理和归纳就是撰写文献的基础，而文献检索又是整理相关成果的前提，文献检索结果需要通过文献综述来呈现，这样不仅文献检索有实际意义和目的，而且在进行文献检索时，将检索结果进行不断对比和分析就会从中发现研究课题的价值性。这样的话，文献检索就能凸显出它在科学研究中的价值，也让学生了解创作性工作可以从哪个方面着手，从而训练学生在科学研究方面的基本能力。

文献综述需要严格按照国家规定的科学论文的编写格式（GB7713-87）来撰写，其出发点是让学生从撰写初期就能在规范的学术氛围中学习，从而让学生掌握规范的写作格式和培养良好的写作习惯。这样一来，当别人看到这样的论文时，不看具体内容，也能从总体结构概况看出这篇论文的写作者经过了良好训练。

文明的历程这一课程的考核形式是撰写小论文，这类论文的重点是将自己的感悟和体会凸显出来，最好能以实际问题为出发点或者将自己亲身经历的见闻加入其中。一方面，这样的论文可以让教师分辨出学生是自己构思的还是从网上复制下来的；另一方面，可以引导、鼓励学生观察生活，独立思考。实际上，随着教师教育阅历的逐渐增加，判断学生论文是不是自己创作的，就变得相对容易。

信息素质是贯穿人一生的学习的基本素质。因此，信息素质虽然在校内学习，但其影响深远，并不局限在课堂上。从人的发展这一角度出发，自然而然地引出信息素质教育的另一部分，即发展系统，以下就此进行讨论。

（四）信息素质教育的发展系统

信息素质教育与发展系统动力系统是较为相似的，也伴随着信息素质教育的整个进程。新生入学教育是否有成效决定了学生在校园学习期间利用图书馆这个第二课堂能否取得成效；学生是否选修了文献检索课程，将对其在校期间参加各种学术研究活动的信息获取能力产生直接影响，甚至会影响到学生毕业论文的开题与撰写质量。文明的历程这门课程同样影响深远，学习这门课程将帮助学生更快地适应社会，适应以后从事的工作。

把信息素质教育发展系统单独拿出来讨论是因为教育行业本身就是一个系统的、综合性的工程，教学活动虽然是围绕课堂进行的，但课堂之外的信息也需要得到关注和重视，仅仅将教育局限在考试的范围内更是不可取的做法。从实际意义上讲，信息素质教育的真正价值体现在学生以后的人生道路上。所以，信息素质教育的发展给教学活动注入了新的活力，让教学影响变得长久、深远，对学生未来的发展有所裨益。教学活动在这样的状态下，这种新的活力就会对教学双方产生良好的影响，这使得教学已经不仅仅是单向的知识传递而是教学相长、互相促进、互相增益的良好循环。在这样的教学环境中，学生也能充分感受课堂魅力所在。

因此，高校图书馆已经成为高校教学教研的信息服务中心，学生和教师都是它服务的对象。面对服务群体的不同，图书馆需要开设必要的信息素质教育课程，还需要加强图书管理员与用户群体的互动，因为这也是信息素质教育提升的重要方式，而且是一个可以提升双方素质的过程。

第三节　大数据时代信息素养教育创新模式和方法探索

一、大数据时代信息素养教育创新模式类型

国外高校提供信息素养教育主要有四种方式：独立课教学、课外教学、课中教学、课内教学。独立课教学是专门开设信息素养专业课；课外教学大多是 1～2 小时的独立讲座；课中教学是将信息素养授课的内容与专业课有机结合；课内教学是将信息素养教育渗透到授课、作业、实习、考试等各个教学环节。如澳大利亚高校信息素养教育针对不同的对象采取不同的培养手段和方式，培养方式通常采用专题讲座、独立（短期）课程、课程整合、网络课程。常见的专题讲座包括入馆教育、参考文献目录管理工具、期刊数据库的使用、OPAC 馆藏目录的检索、网络搜索引擎、学术剽窃等内容。独立课程有必修与选修，有学分与无学分之区别。课程整合是指信息素养内容与学科及专业课程相整合，包括课程间整合及课程内嵌入两种方式：课程间整合，一般采用学术讲座和短期课程等形式；课程内嵌入，指

在课程学习中融入讲座、学术报告、短期课程、在线和独立学习活动方式等。网络课程包括高校图书馆虚拟导游、在线信息素养指南、专题培训与帮助、多媒体学习资源、MOOC 等。

国内高校图书馆通用的信息素养教育方式有全校公选课、新生入馆培训、学期系列讲座、数据库培训、专题讲座、网络教程等，可分为课堂式教育、讲座式教育、继续式教育、数据库商辅助式教育、嵌入式教育五种形式。这些教育方式极大地提高了高校师生的信息素养。但随着信息技术、网络技术的发展，信息素养需求日趋层次化、多样化，缺乏针对性和深入性的问题慢慢显现，越来越多的高校图书馆开始探寻更加适合教师用户、科研用户、学生用户的信息素养教育模式。如浙江某大学图书馆构建多层次的高校信息素养教育体系，具体包括多级分层的新生信息素养教育、共性与个性并存的专题信息素养教育、线上与线下相结合的公共选修课、面向"卓越班"的嵌入式信息素养教育、泛在的新型信息素养教育。国内许多重点高校图书馆采取嵌入课程式的信息素养教育（又被称为"信息素养教育与学科课程整合教育"）。以下是几种有特色的信息素养教育方式。

（一）嵌入课程式的信息素养教育

以上海某大学图书馆为例，它在创新 IC 服务模式的基础上，构建了多层次、全方位、多种类的信息素养教育体系，包括的内容有：图书馆滚动培训、新生入学教育、学校公选课、专题特色讲学等；在教学实践中逐渐探索信息素养教育内容，转变信息素养教育模式，并总结出"普及—拓展—深入"的信息素养教育规划；将信息素养教育的基本内容普及每一位学生，其基本内容包括常规基础课、新生入学入馆教育培训、滚动培训三个方面；进行信息素养教育的拓展学习指的是创新拓展内容，开展形式多样的特色讲座，尤其注重在信息专员的培养和学校专题教育培训方面；信息素养教育的深入未与课程关联的多种嵌入式教学，包括将课程所需的知识与技能一次性集中讲授的局部嵌入式教学；对学生学习期间的课程进行整体跟踪研究，定制进阶式培训的跟踪进阶式教学计划；针对某个特定专业，与学科授课教师合作，紧密配合，适时参与教学目标的设定、相关课程的规划、作业的布置、成绩评定等，实现学生全过程的全面融入式教学。

（二）基于微视频案例库的信息素养教育

沙玉萍等提出了基于微视频案例库的信息素养教育创新模式。微视频的优点很多：形式可以碎片化，内容具体，有针对性，可利用性强。在微视频技术的支持下，创新信息素养教育的基本逻辑可以改变为：从信息时代终身学习理念和信息素养对人的基本要求入手，在视频网站等媒介的支持下，让社会公众力量帮助学校打造一个开放式的信息素养教育视频案例数据库，使信息素养教育中的相关主体都能紧密连接在一起，促进信息素养教育与资源推广、资源利用、资源建设的交流与融合，创新信息素养教育模式。这样做的最终目的也是提高用户的信息素养。创新主要体现在以下几个方面。

（1）信息素养教育形式的创新。微视频的线上教育模式已经突破了传统课堂受时空限制的局限性，用户可以根据自己的学习习惯，利用零碎的空余时间进行学习，使信息素养教育更加高效。

（2）资源建设主体的创新。将"众包"方式融入建设信息素养教育微视频案例库当中。"众包"是一种互联网协作模式，其核心是"蜂群思维"和层级结构框架，它与外包、威客不同，代表着群体创造，更注重协作。除了高校图书馆是资源建设的主体之外，微视频的视频制作者也能成为它的主体，视频作者以自己的智慧和创新理念与高校协同，共同促进信息素养教育的发展。

（3）高校图书馆角色的创新。在微视频信息素养教育快速发展的今天，高校图书馆的角色已经悄然发生了变化，它不再是唯一的资源建设者，而是扮演起了信息素养教育服务者和资源建设组织者这样的角色。

（4）信息素养教育内容的创新。信息素养教育的教学内容本身就是对传统观念的突破，需要站在终身学习和信息素养的角度对它进行规划，而不是仅在利用高校图书馆资源的桎梏中发展。

（三）基于 MOOC 的信息素养教育

MOOC 时代已然到来，基于高校院系对在线教育的需求及大学生的行为方式，我国高校图书馆开展如下面向在线教育的学科服务：在线教育课程制作支持服务、相关讲座辅助服务、嵌入式参与服务、在线教育辅助空间支持服务、推广与反馈支撑服务以及在线教育数据统计与分析服务。如在线教育课程的制作，其流程主要包括：收集相关的教育素材和资源、编写课程的简要介绍、设计制定课程大纲、划分课程的知识点、录制课程的教学视频、设计课程作业及考核试卷、整理制作线上课程、测试在线运行系统等。学科馆员可以参与全部或者部分流程。在线教育的发展需要加强营销、加大推广力度，学科馆员可以帮助学科教师在互联网上进行宣传推广，并通过社交软件和平台将活动的链接推送给更多人，如微信、QQ、微博、邮箱、图书馆网站、学校官网、优秀的资源信息网站等，寻找合适的用户群体，让有学习需求的学生可以通过这些途径关注线上教育课程。想要将在线教育的教学质量提高，学科馆员可以在学生课程结束后对他们产生的后台数据进行提取，并做出科学的分析和整理。例如，将用户的评价信息、学生的行为数据、学生重点关注的问题、学生的成绩等进行整理归纳，将这些数据进行深入研究分析，对研究结果做成形象直观的可视化表格，形成完整详细的分析报告，并能够依据报告提出有关课程的可行性建议，为相关课程的教师提供可信、专业的信息分析，以便教师优化这类在线课程。

国内有些高校学科馆员已经或正在尝试组建 MOOC 团队，制作 MOOC 信息素养课程或者把现有的信息素养课程加以改进、更新和上线。在国内，已经有几个知名的高校将 MOOC 课程引入了信息教育教学中。例如，武汉大学在课程设计中加入了"信息检索"这门课程；中国科技大学开设了一门名为"文献管理与信息分析"的课程；浙江大学将"大数据算法"设定为一门学科课程；中山大学开设了"新媒体概论课程"。中国科技大学罗昭峰教授在网络上开设了"文献管理与信息分析"的公开课程，课程围绕信息进行教学，主要包括信息获取、信息分析、信息管理、信息利用、如何利用信息提高工作效率。武汉大学黄如花教授的MOOC团队在"信息检索"课程中，调整了信息素养教育的内容（包含媒介素养、视觉素养、数据素养等多种技能的教育），面向教师的教学和科研，面向不同层次、不同学科的学生，面向公众提供针对性教学，呈现出宽泛化、定制化、碎片化的特征；同时，创新教学方式，体现出合作化、混合式、游戏化、趣味化的特征。

二、大数据时代信息素养教育创新模式的特点

（一）以学生为中心，以用户为目标

信息素养教育的出发点和最终目标都是为了大学生多元素养的提升。在数字化语境中，海量信息导致信息选择困难，信息过载、信息垃圾和无效信息又加大信息获取难度，提高了对信息分析、信息管理的能力要求。大学生中普遍存在的"低头族""屏读者"，更让图书馆认识到信息素养教育的任重道远。信息素养创新模式不仅以大学生为中心，还以大学生为教育行为的主体。大学生们通过自己教育，来解决他们的信息困惑，满足其信息需求，提升其信息能力。建构者身份的转换，从主体能动性上解决了

大学生学习动力不足的问题。在这一模式中，学生自始至终都是活动的主体，是信息教育的中心。

（二）依托学生社团，以活动促学习，以活动提升能力

马克思主义哲学认为，人的主观认知和习得技能需要通过实践来统一和转换。只有通过实践才能实现"认知—技能—智能"的转换，实现知识的吸收、内化与转换，成为可以灵活使用以解决实际问题的技能。模式创新正是基于这一想法，依托学生社团，以学生为行为主体，开展系列活动。希望通过实践活动，学生知己所短，学人所长，促进学习。创新模式还注重挖掘学生的潜力，注重多元能力的培养。这些目标通过各大活动获得初步实现。

（三）支持情境式学习

首先，系列信息素养活动本身就是一种情境。在活动的情境中，学生通过学习、实践以及同学之间的沟通和对话，能更好地发现自身的缺点和不足，从而有的放矢地改善和提高。这不仅帮助他们建构有意义的对话，也建构有价值的知识体系，提高他们自我反思和批判的能力。其次，热点新闻、典型案例的信息溯源、剖析和批判性评价，也是一种情境式学习。比如，以自己或者身边同学为例对手机依赖症展开讨论就提供了一个很好的情境。对于手机依赖的学生更能感同身受，学习的热情和主动性更高，学习的效果也更好。最后，立体式的阅读行为更是一种情境。如，学生通过文本阅读和吴敬梓故居、吴敬梓纪念馆、《儒林外史》群雕的走读以及相关系列活动的开展，能更深入了解吴敬梓生平，对吴敬梓的精神境界有更清晰的认知，对《儒林外史》的内容及其艺术价值有更深刻的领悟。

（四）支持协作式学习

所谓协作式学习，即学习过程中相互协作、互通有无、注重分享。信息素养教育既然面向新的信息环境和技术发展，面向活动，就离不开新媒介及其技术的使用，离不开协作式的学习方式。协作式的学习方式不仅体现在线下的社团活动之中，也体现在线上的活动之中。每个社团都成了自己的线上社区。在线上社区，学生将他们线下的社群关系发展到线上，实现线上召集、讨论、分享，线下具体执行、开展活动，活动之后在社群之中分享相关图片、资源和学习心得。

（五）重视合作

信息素养教育是高等教育课程的重要组成部分，每个机构都有义务和责任为信息素养教育保驾护航。因此，凡校级活动如信息素养检索大赛、"最佳培训师"大赛、校"百场学术讲座"等，信息素养协会都主动与校相关机构和社团取得联系，展开合作，以获得人力、财力、物质和精神等层面的支持和帮助。大型活动所需的经费往往不足，还需要社会资金加以必要的补充，这就需要与相关社会组织和机构等展开合作，获取赞助。对此，学生采取了灵活的方式，不仅从中国知网、中国移动那儿拉到了现金赞助，还从学校周围的各种店铺拉到了礼品形式的赞助。合作的方式，不仅锻炼了大学生与机构、社会组织以及个人打交道的能力，也提升了他们沟通、表达和谈判的能力。

三、大数据时代信息素养教育创新方法探索

（一）以图书馆信息素养教育为突破口

图书馆是高校信息素养教育的重要基地，基于社交网络的信息素养教育方式的实践可以以图书馆的信息素养教育为突破口。比如，开发以用户为中心的交互式虚拟教学平台，服务于图书馆信息素质教育的研究与实践；通过虚拟学习平台实现数据的收集和综合分析，把握用户需求，进而建立"以人为本"的信息素养培训体系；利用虚拟学习平台构建支持终身学习的信息素质教育服务体系，使高校信息素质教育向科学化、人文化发展。

研究的主要途径如下：

（1）整合自建培训管理系统的评价功能，如 E-mail 培训平台的宣传功能和 BB 教学平台的交互功能，建立较为完善的支持知识共享网络化、交互式信息素质教育平台。该平台可以使教师、平台和用户成为一个"有机的整体"，促进协作学习和知识共享，有利于更广泛地鼓励知识创造和交流。

（2）充分利用学校已有的信息化资源、正确的用户信息，为分析评价提供良好的数据基础。利用校园"一卡通"解决数据采集的瓶颈，进行调查数据的横、纵向统计，拓宽数据分析与利用的深度和广度，可为信息素质教育工作的深入开展提供科学的理论和实践依据。

（3）借鉴 Facebook、人人网等社交性网络的建设理念，实现真实学术关系的虚拟复制。用户可以通过身份标识和学术标签等建立广泛的学术联系，加强用户间的沟通和交流，进一步发挥虚拟教学平台在学校学术信息

分享与交流中的作用。

（4）探索"以用户为中心"的信息素质教育模式，建立用户满意度评价指标体系，通过对用户满意度的分析评价，形成对后续培训方案调整的计划，实现对培训全过程的闭环管理。

在研究中需要突破的重点和难点主要是：①根据建构主义学习理论开发以用户为中心。利于用户交互的信息素质教育虚拟学习平台，并在实践中嵌入用户的科研与学习过程，加强"教师—用户"以及"用户—用户"的互动，促进经验交流，实现知识共享。②借鉴社会性网络（SNS），如Facebook、人人网、腾讯的服务理念，创造性地构建用户学习联系，利用技术实现用户真实学术关系的虚拟复制。③以虚拟学习平台为基础，重构教学过程，建立"以人为本"的信息素质教育服务体系，不断完善教学内容，调整教育方案。④建立用户满意度评价体系，开展持续的教学效果评价工作，以完善闭环工作机制。通过对高校社交网的覆盖范围用户类型、服务内容和方式等各个方面的构建，有效地管理社交网络用户管理属性以及高校社交网中社交性媒体对高校教师之间、学生之间以及师生之间交往广度和深度的影响，并理解其形式和内容的关系，进而创建一个有效提高师生信息素养的学习环境，使师生更有效地发现、评价、过滤和使用信息。

（二）采取嵌入式信息素质教育方式

针对用户信息素质教育需求趋向个性化、问题化、任务化、专业化、综合化的发展规划，高校图书馆必须在适当的时候对信息素质的教学内容和模式进行恰当的调整，把握用户信息需求，顺应信息素养教育发展趋势，让用户的信息技能得到真正的提高。随着信息素质教育服务在图书馆中的作用日渐凸显，嵌入式信息素质教育的内容已经开始呈现问题化、学科化的特点，教育方式和手段也日渐呈现多样化和个性化的特点。这也会让用户对信息素质教育产生更浓厚的兴趣，使信息素质教育变得更容易被用户接受，并在使用时感到方便、快捷。

1. 目标嵌入

嵌入式信息素质教育将围绕科研创新工作流，逐步将信息素质教育的目标与科研创新目标融合起来。

目标一：围绕图书馆资源服务，以培养信息需求识别与信息获取、评价、管理和利用能力为目标。

目标二：聚焦科研工作方法，引导或系统帮助科研人员产生、凝练、扩展和应用知识去解决问题、研究问题、制定决策及理性思考等，以培养科学方法能力为目标。

目标三：面向科研创新能力，以培养科研人员建立和发展认识科学的本质与局限，洞悉科学诉求的过程，掌握学科之间的本质关联与基本概念，理解科学技术中社会、文化和伦理道德的影响因素等能力为目标。

2. 内容与环境嵌入

面对信息素质教育创新能力强、开放程度高的特点，应该逐渐扩大信息技术利用范围，从信息的寻找、检索、分析、运用逐渐扩大到科学研究活动所需要的科研方向的研究设计、复杂的数据处理、科技发展趋势的分析、科技信息的有效传播等各科学技术方面，以及与之相关的知识探索、信息分析、数据处理、学术理论研究等更多、更广的知识和方法的研究上。

（1）嵌入学科专业内容。随着交叉学科和跨学科学习在高校教学中的普及，图书馆的用户对更专业的技术支持和理论指导需求增加。为了满足不同学科的特点，各国根据信息素质技术体系，制定了学科特色的信息素质能力规范与标准。这样的做法使得信息技术教育能够满足不同学科的需求，同时满足学生对交叉学科和跨学科学习的深度研究需求。通过制定专属学科的信息素养教育课程和内容安排，并开展嵌入式学科和特色学科的信息素养教育，图书馆能够更好地满足学生在不同学科领域的知识需求，促进学科交叉和跨学科研究的发展。

（2）嵌入科研学习过程。根据英国科学与技术设施研究理事会（STFC）提出的面向未来的数字科研环境下的科研工作流模型，科学研究是一个从分析研究趋势、产生研究思路、设计和组织项目、申请项目、进行实验（广义的实验）到数据收集组织、数据分析、研究成果发布交流、成果保存的连续工作流。张晓林教授也曾提出一个科研活动的知识生命周期，包括把握趋势、探索解决路径、执行解决方案和知识组织与交流，并根据STFC科研工作流绘制了知识研究流程。

信息素质与用户所处的信息环境和用户所要完成的工作任务密切关联，用户类型和学习属性不同，科研学习过程中的信息需求也存在差异，应细化用户信息素质教育的粒度，锁定院系、研究所、实验室、教研室、项目组、个人等不同层级的用户群，剖析科学研究中信息流的发展变化规律，凝练出不同学科研究实践中捕捉学术信息流的特点，围绕科学研究的数据信息流或用户学习的任务流，与科研项目进展及用户学习进度结合起来，确定信息素质教育的内容，构建合理、适用、实用的面向科学工作方法的信息素质教育内容框架。

3. 机制嵌入

嵌入式信息素质教育需要刚性的制度与机制保障。因此，信息素质教育服务只有与现有的服务、人员、岗位绑定，将信息素质教育工作融入日常各项学科服务工作与产品当中，使参考咨询、学科资源试用评估、资源保障分析、学科情报研究、信息环境建设等工作不仅成为信息素质教育的有效手段，也成为传递新型信息素质教育理念、构建新型信息素质教育内容体系的平台。

（1）建立支持嵌入式信息素质服务的责任机制。建立图书馆员（主要是学科馆员）与用户之间的责任绑定关系，明确学科馆员在信息素质教育工作中的责任要求，与日常学科服务工作融合，建立信息素质教育服务的工作制度与工作标准。一方面，针对责任服务对象用户，承担联系、调研、策划、组织等工作，将信息素质教育与培训推进到教研一线，并与科研工作流结合起来；另一方面，针对教学支持需求，承担信息素质教育课程的设计、授课工作，并积极推进与学生学习考核要求的绑定，推动信息素质教育嵌入专业教育进程。

（2）建立保障嵌入式信息素质服务的考核机制，与学科馆员信息素质教育工作责任机制相结合。建立经常性、制度化的评估与考核要求，不仅可以避免嵌入式信息素质教育流于形式，保证服务落到实处，取得实际成效，还有利于规范学科馆员信息素质教育服务活动，促进教育产品共享，提高服务质量。根据 Lindauer 信息素质教育评估指标，从信息素质教育服务类型（包括学分课程、在线课程、培训讲座、研习讨论会及个性咨询学习等）、学习环境（包括图书馆嵌入 VLE 和学校课程规划等）、学习成果（包括学生信息素质能力测试、调查、自我评估等）三个方面对图书馆信息素质教育服务进行综合评估，并将之与学科馆员的发展、激励关联起来，同时也与图书馆制定嵌入式信息素质教育的整体设计规划关联起来，使信息素质教育规范化与制度化，形成长效机制。

第四节　大学生信息素养的培养

一、大学生信息素养现状

在这个信息爆炸的时代，简单地传递或者使用信息已经不能满足人们对信息的需求，利用强烈的信息意识，增强信息的敏锐度，以纯熟的信息技术手段将许多相关联的信息要素与数据进行整理和归纳，并使信息成为有效的、能直接利用的信息才是社会所需的信息人才要具备的素质。虽然高校学生对信息资源有一定的了解，但是他们搜寻信息和利用信息资源的能力还有待提高。

（一）信息的运用意识淡薄

目前，部分学生仍然将课堂和书本作为获取信息的主要来源，其利用信息资源进行有目的信息获取的意识还不强，管理知识和积累知识的意识较弱。部分学生还在漫无目的地浏览各类信息，这些学生中有的并不完全具有信息素质，不能分辨、鉴别信息的优劣，通常对获取的信息不知该如何进行有效的分类和利用，造成盲目阅读信息。

（二）缺少超前利用信息的意识

部分学生信息意识不足，在日常的学习和生活中，对信息资源不够敏感，缺乏信息超前意识，不注重对信息的积累。一般情况下，所学的课程有新的知识需要学生查找、整理和利用时，学生才会想起信息的作用，这也仅仅是为了完成某一个学科的学习或者是某一阶段的学习任务而产生的较为敷衍的信息行为。

（三）信息获取能力良莠不齐

部分学生不能及时从繁杂庞大的信息数据中获取对自己有利的信息资源，尤其是对电子多媒体的信息资源比较陌生，不能很好地利用电子图书馆的资源，"精准、广泛、全面、快速"地获取信息成为难题。部分学生甚至不了解如何正确地检索信息。

（四）信息道德水平有待提高

部分大学生缺乏社会经验，导致其信息安全意识淡薄，对不良信息抵制能力差，缺乏网络信息传播的道德感和责任感。部分学生对信息资源的法律、法规、道德约束了解不够，面对网络上侵犯个人隐私的行为和侵犯知识产权的行为以及个人的不良信息传播，不能选择有效的办法制止。有的学生也会因为对信息行业法律法规的模糊认识，而使自己陷入网络诈骗或者其他误区。

二、培养大学生信息素养的途径

近些年，人们逐渐理解终身学习的重要性，并在全社会形成终身学习的理念。终身学习能使人不断进步，信息素养培养也是实现终身学习的路径之一。在高校广泛开展信息素养教育，有利于帮助大学生培养信息素养，提高信息处理能力，成为专业的信息人才。信息素养不是一蹴而就的，需要在教学过程中逐步培养。为了适应信息化时代的发展需求，高校应具备信息素养的培养理念，但从目前来看，学生信息素质不高，从整体上制约了高校大学生综合素质的提高。为提高学生的整体信息素养，可以从以下几个方面着手。

（一）制定科学的信息素养教育目标，完善其内容，培养学生的信息能力

学校教学过程中应注重对大学生信息素养的培养，关注信息素养学科的最新动态，使学生逐渐形成信息产生价值、信息就是资源的价值观，了解自己需要什么信息，什么时间内需要信息，为什么需要信息，可以通过什么方式获取信息，以及在哪里可以获得信息。除了使信息专业的教师在课堂上明确信息素养的重要性外，学生的辅导教师也需要从思想上帮助学生树立信息价值观，培养学生独立自主利用信息的意识，让学生利用信息手段获得科学文化知识。信息素养并不是独立于其他学科之外的学科，它与人文素养、知识素养密不可分，相辅相成。良好的信息素养不是一日就能速成的，也不是一节课或者几节课就可以讲清理论的，而是需要长期的积累和学习。

（1）信息意识教育、信息道德教育、信息能力教育都是信息素养的内容。其中，信息意识教育主要包括信息需求意识、信息时效意识、信息获取意识、信息创新意识、信息超前意识等，主要为了培养大学生对信息的敏锐度。信

息能力教育主要包括信息的获取能力、信息认知能力、信息利用能力、信息处理能力；信息道德教育主要为了使大学生不侵犯他人的知识产权、隐私权，不制作、不传播、不使用不良信息，不利用信息技术进行违法犯罪活动，不借助网络进行人身攻击等。实现信息素养的教育目标，需要对大学生进行系统的信息教育，培养学生独立、自主、精准地获取所需信息的能力并能够利用信息进行知识的再创造；培养学生终身学习和自我教育的能力，并使学生以学习的信息道德和信息伦理规范约束自身的行为。

（2）完善信息素养的教育模式，增强学生的信息意识。信息素养的教育并不是一种单纯的技能训练，而是一种社会知识结构的培养。学校可以不断开发学生学习能力的持续性、创新性以及批判性的思维能力，针对不同年级、不同专业的大学生开展多维度、多层次、多方面的信息教育课程，如网络应用技术、信息检索技术、计算机应用技术、信息法规等教育。尤其是针对刚入学的新生，需要对其基本信息技能和基础理论知识进行教育，使新生打好信息素养的地基；针对二三年级的学生，要注重对他们专业检索能力和信息利用能力的培养；针对即将毕业的四年级学生，要重点对他们进行信息理论知识教育，使他们能够独自研究课题，能自主完成设计研究过程的信息资源处理。在整个的教学过程中，学校以及教师还可以充分利用多媒体技术以及新媒体传输途径，充分宣传相关信息理论。例如可以利用校园官网、校园电视、校园广播、校报校刊等进行宣传，以信息素养利用的典型人物和事件激发学生的信息潜力，使学生努力利用信息，创造新信息，发挥出信息资源最大的作用。

（二）发挥图书馆在信息资源方面的优势，培养学生良好的信息能力

法国哲学家笛卡尔说："最有价值的知识是关于方法的知识。"大学教师需要转变传统的教育方式，以现代科学技术为依托，充分利用现代信息资源，因材施教，对不同学习阶段的学生采取不同的教育方式，以不同的方式引导学生的信息学习。

1. 充分利用图书馆资源，推进信息素养教学进程

高校图书馆是信息、资源的中心，经过科技化、信息化、自动化的建设，已经具备良好的信息环境，拥有丰富的信息资源和优秀的信息技术。信息素养是从传统图书馆功能延伸和扩展出来的教育，图书馆可以利用自身的信息优势以及学校的网络条件，在网站上创建信息素养的学习板块，精心设计信息素养的学习内容，将信息的作用与优势、信息社会需要的信息技术、

信息素养的基本要求、信息软件的下载方式与基本操作、著名信息网站的详细介绍、信息科研成果等内容合理编排，为学生深层信息研究、查询专题知识、开展网络信息交流、编写程序、在线学习探讨等活动提供有利的信息资源支持和技术支撑。同时，营造信息研究的友好学术氛围，使学生在大量的信息资源中获得成长，提高信息的分析和利用能力，提高信息的判断思维，并促进其创新能力的提升。

近些年来，信息技术的发展使图书馆不再成为唯一的信息文献集中地，图书馆以外的信息资源在飞速增长且以一种新的载体形式不断积累变化。面对网络上繁杂无序的信息资源，学生要学会利用自己所学的信息知识，依据学习目标和需求，对庞大的信息进行搜索、发现、整理、分辨、利用，要了解信息的正规获得途径，选择科学有效的信息内容，把握信息的精准度，充分利用信息工具进行传递和利用。高校要引导学生利用计算机技术和网络信息及时、努力研究发现本专业、本学科的信息资源，以多种途径获得有效资源，让现代化的信息资源发挥更大的作用。

2. 改革现行的文献检索课程模式，建立新的信息素养评估系统

在教育部的规定中，文献检索课是大学课程教学中必修的一门技能课、方法课。这门课程在讲授文献基础知识和基础技能的基础上，将网络、计算机、光盘检索信息的途径、方式和技能，以及信息的分析、整理作为重点内容。一方面，高校要利用文献检索课的有限课时安排对学生进行综合素质教育。另一方面，要继续深化教学改革，不断提高教师的整体信息知识素养水平，使教师在实际教学和指导学生学习过程中能自觉利用信息技术，真正将教学课程与信息素养教育融合起来。注重计算机技术、信息技术、网络技术、科研等与信息技术相关内容的教学，使学生在不知不觉间将信息素养与其他学科专业结合起来，实现信息技术的综合运用，使文献检索课不仅仅是一门独立的技能课程，而是可以帮助其他专业学科学习的辅助课程，从而激发学生学习信息技术的兴趣，使学生充分利用学到的信息知识检索信息，并将信息进行有效的利用。与此同时，要根据大学生每个阶段不同的信息素养能力，制定适合其学习的信息学习目标。对学生信息素养能力的调查与评估可以通过问卷调查、开展信息专题研讨会、信息能力测试、信息竞赛等方式进行。这样不仅可以及时了解学生的信息能力水平，也可以发现学生在信息素养方面的短板和薄弱环节，以便能及时解决学生的问题，帮助学生找到适合的学习方法，提高其综合信息素养。

（三）加强信息道德教育

人们在日常生活中所遵守的不依靠法律强制约束的准则、标准、规范等就是道德。在信息行业中也存在信息道德。信息道德可以以自身的行为规范使信息使用者、信息服务者、信息创造者之间的关系更加协调融合。例如，部分学生缺乏信息道德意识，就会在撰写毕业论文时，直接将网络上其他人的信息资料进行复制、下载，再进行归整，将别人论文的观点作为自己的，甚至有的仅在下载的论文上进行略微的修改就发表出来，变成自己的论文。这些不良行为时有发生。因此，信息道德的培养对大学生来说十分重要。

面对庞杂的、真假难辨的信息资源，依靠法律法规的约束力并不能很好地规范人们的行为，需要以良好的道德来辅助约束。思想道德教育可以使学生明白信息道德的含义和相关的法律知识，使学生将建立和维护良好的信息环境、维护社会的和谐作为义务和责任，可以指导学生在合法合规的范围内利用各种途径进行信息资源的检索和利用，帮助学生尊重他人的学术理论成果，抵制剽窃他人研究成果的行为，树立起良好的信息道德观念。

（四）鼓励学生积极参与科研活动

高校可以举办"挑战杯"等学生科技竞赛，鼓励学生积极参加，在具体的科研过程中提高信息素养。教师可以指导学生选择合适的科研课题，引导学生独立自主地分析、解决问题。学生通过这类科技竞赛可以在更开放的学习实践中获取知识，从而提高自己对信息的分析和应用能力。

除此之外，学生高质量、高水平论文的撰写也是培养信息素养的途径之一。在确定论文选题之前，查阅大量的文献、资料，进行相关素材的搜索，从多角度、多方面研究和把握自己的课题，深入研究选题的价值、相关理论成果、国内外研究动态，分析选题的成果以及不足之处等，在撰写论文期间，在前人研究成果的基础上进行研究，并在引用他人观点时表明出处，通过学术上的信息处理能力的锻炼，在潜移默化中提高信息素养能力。

（五）鼓励学生多参加实践活动

单纯的课堂教学已经不能满足学生对信息文化的需求了，信息时代，学生要具备掌握前沿信息的能力和充足的实践经验。学生需要积极参加实践活动，在实践活动中不断提高信息技术运用能力。实践活动为学生提供了广阔的学习空间，以便学生能在不断实践中验证自己的信息技术方法，在实践的检验下扩展自己的信息技术能力，增强信息创新能力，发展信息综合运用能力。

社会的进步、经济的发展，国家的繁荣与国民的整个信息素质有千丝万缕的关系。21 世纪，大学生是信息创造和使用的主体，是维护国家信息安全的中流砥柱，他们的信息素养直接关系到国家信息技术发展的潜力，是国家信息发展的后备力量。因此，高校应在学习借鉴国外先进的信息教育理念和方法的基础上，进一步构建和完善网络时代信息素养的教学体系。

除此之外，大学生的专业学术素养也对信息素养有着至关重要的影响，学生获取专业学术研究资源的重要途径之一就是图书馆。高校图书馆同样也是学生学术素养培养的重要力量。在信息时代，高校图书馆可以拓宽自己的业务范围，成为学生学习的第二课堂、构建专业科学的学术体现，实现信息资源的共享，提高学生的学术素养，使学生利用自己丰富的学术知识，完成各个学科的学习，逐渐成长为国家需要的综合素质人才。

三、高校图书馆培养学生学术素养的路径

（一）深化服务内容，着重学术意识养成

学术意识也就是问题意识，不仅要求严谨务实，还要求学生勇于提问，对学术问题有较高的敏锐度。学生是我国科学研究重要的潜在力量，因此高校要培养学生科学、严谨、求真、务实的学术意识，使学生产生对学术的研究动力，产生对科学的无限兴趣，才能使其发现问题，想方设法地解决问题，从而获得科研成果。徐国立和熊申英认为，认识交叉学科的优势，发现新问题，才能把科研活动推向新的高度。交叉学科是多学科普遍性和特殊性相统一的学科，其理论和方法既存在差异性又存在共通性，也是出现创新成果的关键所在。因此，我们有必要引导学生从交叉学科中去发现问题。

1. 利用物理空间优势，拓展服务内容

图书馆在物理空间上具有较大的优势，我们可以利用这方面的优势，组织学生进行各种实验以及各类实践活动，并邀请相关专业的教师给学生进行专业的指导，将高校图书馆的服务进行进一步的拓展，培养学生解决实践中的问题的能力，以及发现理论与实践矛盾的能力。使学生逐渐能够在实践活动中以问题为出发点，利用图书馆丰富的图书资源进行学术上的研究和探讨，并根据学到的理论知识正确分析和解决问题，将问题进行深层次的挖掘和升华。与此同时，图书馆还可以在管理方面与学校的管理部分形成嵌入式的合作，实现资源和管理人员共享，为图书馆用户提供知识

性的转化服务，这样也使学生能够将学习到的理论转化为实践的能力，为社会提供更优质的服务。相比于传统图书馆的工作模式，高校图书馆可以将数字资源与学生的专业与学习需求进行适度匹配，引导学生更好地融入以后的工作；通过关注和分析社会问题，使学生获得更加有效的科研成果，从而实现社会服务的最终目的；能够使学生在这种社会服务过程中，提高对社会问题的敏感度，构建学术研究体系。

2. 拓展物理空间模式，扩大服务范围

高校图书馆是学生课外学习的主阵地，可以将传统教学中单一空间服务进行拓展，并以交叉学科的研究和创新领域为依据设置独特的、个性的物理空间，配置好对应的硬件和软件设施，为学生提供更广阔的学习和研究空间。这也有利于不同专业、不同学科的学生进行跨专业的交流和合作。根据以往的教学经验，教师可以有意识地引导学生根据自己的专业与喜好组成学习兴趣小组，利用课余时间，进行科学方面的研究和探讨，获得珍贵的科研经验及成果。但是，传统的信息获取渠道下，学生一般是通过百度搜索等方式来获得信息，这样可能使学生获得的信息和素材并不具有专业性、科学性和系统性。反之，学术图书馆在这方面有较大的优势，它可以将电子文献等资源进行共享，从而使学生了解更多的交叉学科的知识和信息，构建起相关的学科虚拟空间，完成信息搜索整理和学习资源的整合，同时实现现实学习空间与虚拟学习空间的结合，更有利于学生获得全面的、系统的学习资源，了解交叉学科的真正优势，提高学生的学术敏感度。

（二）开辟第二课堂，构建学术能力培养体系

学生在学术研究过程中需要建立专业的、理论与实践相结合的能力，这种能力是学术素养的核心要素，也就是学术能力。学术能力主要由以下这几种能力构成：获取学术资源的能力、撰写学术论文的能力、设计研究的能力、开拓创新的能力等。这几种能力互相关联，相辅相成，互为依托，但都需要高校图书馆发挥其至关重要的作用。其中，学术能力的基础是获取学术研究的资源，包括收集新的、前沿的学术文献，对文献进行整理和评估，判断资源的客观性、准确性、科学性、准确性等。设计研究方法是学术能力的核心，这里主要指的是学生进行学术研究时采用的工具、手段、途径和方法等。学术研究中，设计和研究方法的选择与利用对研究结果的正确性和科学性起到十分重要的作用。学术论文的撰写是学术能力的直接体现，学术论文能促进学术间的友好交流，能传播新的、权威的学术研究成果。

在传统的教学模式中，理论重于实践的教学时有发生，教育内容不切合实践、流于表面也屡见不鲜。在学术能力培养过程中，开拓创新是其必须培养的能力之一。学术上的开拓创新指的是学生能根据研究课题提出新观点、新切入点，解决新出现的问题。现代教学中，图书馆已经成为课堂教学的补充和拓展，是学生进行学习和学术研究的第二课堂。现代化的图书馆教育模式可以使原本的课程体系变得更加完善、充实，既可以补充教学内容，也可以激发学生学习的兴趣。通过各种形式的学术活动，学生的学术能力得到提高，例如学术演讲、专题讲座等。

首先，通过与其他院校、其他学科的学术科研人员以及著名学者交流合作，高校图书馆可以将课堂进行拓展和延伸，将文献的基本内容、检索方式、如何有效利用资源平台、撰写学术论文等内容进行讲解，使学生对检索文献有充分的认识和了解，能够在检索实践中将这些理论进行运用，实现理论与实践的结合。这样提高图书馆利用率的同时，也能使学生的文献检索能力得到锻炼。除此之外，将课题的独立设计环节加入课程教学，使学生充分利用图书馆平台分析和探究学术，激发其对学术研究的兴趣，使学生在学术研究的过程中独立思考，培养其创新意识和学术能力。其次，可以举办各种实践活动，将图书馆的第二课堂作用充分发挥出来，如，举办学术主题的发言活动，举办专业的学术文献阅读日活动，举办国际化的学术交流会议等活动，激励学生积极研究，将自己的学术研究成果通过图书馆这个大平台进行交流和展示，使学生能体验从检索文献、设计研究、撰写论文到成果展示的整个流程。因此，发挥图书馆的第二课堂作用既可以提高学生的学术研究能力，又可以增强学生的创新研究能力，还可以激发学生对科学研究的兴趣。

（三）构建科学体系，加强学术诚信教育

学术素养培养的灵魂是学术诚信，学术诚信已经成为近些年来学术界关注的重点。因为在学术研究中，有部分学生认为不剽窃他人的研究成果就是学术诚信，但我们引用他人观点时也需要标明具体的出处，以表示对原创者的尊重。学生也需要将学术道德规范进行更深层的学习，因此，开展学术诚信、学术道德教育已迫在眉睫。目前，在高校教学体系中，几乎很少有高校将学术道德教育纳入系统的教学课程中。因此，高校图书馆可以发挥其在科研活动中的重要作用，利用科研讲座、课程嵌入、平台宣传等模式对学生的学术诚信进行教育，通过推广宣传、多方合作等方式构建科学的学术体系，为高校的学术诚信教育做出贡献。

预防学术失信是高校图书馆工作的重中之重。图书馆的业务工作与学术诚信教育有很强的关联性，学术诚信教育已经成为或即将成为图书馆一项重要业务内容。图书馆可以发挥职能作用，开展学术诚信教育，达到预防学术失信的效果。一是开展知识教育，开设培训课程，向学生详细介绍剽窃的相关内容，对剽窃做出明确界定，说明剽窃的恶劣影响和严重后果，告知学生如何避免剽窃，如何正确评价和引用文献等。随着专业研究的深入，培训内容也可以更加深入而全面，让学生逐步明确学术规范，做到正确引用、合理使用文献。二是开展宣传教育，如在图书馆网站介绍学术诚信系列内容，通过视频、图片、课件等方式对学术诚信相关信息进行讲解，加强学生对信息的吸收和重视。定期举办与学术诚信相关的主题活动和专题讲座，如参考文献管理工具、论文不端检测系统、科技论文写作规范等，使其内化为学生从事科学研究的内在准则。

学术诚信教育是一个庞大的体系，图书馆需要与高校各部门协同合作，有针对性地开展学术诚信教育，如加强与教务处、各院系教师的联系，从学校管理规章的制定到课程的设置，再到课堂以外活动的开展，以及相应内容的宣传，建立一套完善的学术诚信教育体系，保证学术诚信教育的可操作性和有效性。

参考文献

[1]艾家凤.高校图书馆人力资源管理研究[M].合肥：中国科学技术大学出版社，2015.

[2]陈陶平，赵宇，蔡英.现代高校图书馆管理与服务探究[M].北京：九州出版社，2018.

[3]陈晓峰.高校图书馆建设发展与管理[M].沈阳：辽宁大学出版社，2017.

[4]陈月华，任瑞荣.高校图书馆信息管理与服务创新研究[M].天津：天津科学技术出版社，2017.

[5]丁明刚.高校图书馆学术期刊管理概论[M].合肥：合肥工业大学出版社，2011.

[6]董玉梅，徐阳，吴爽.高校图书馆服务研究与现代图书馆管理[M].北京：中国纺织出版社，2019.

[7]金华.高校图书馆管理与创新研究下[M].南昌：江西人民出版社，2017.

[8]李红琴.民族地区高校图书馆管理创新研究[M].成都：四川大学出版社，2014.

[9]林水秀.高校图书馆资源建设与管理研究[M].长春：吉林大学出版社，2016.

[10]刘佩芝.高校图书馆文献资源建设与管理研究[M].哈尔滨：东北林业大学出版社，2017.

[11]孙仙阁.高校图书馆资源建设与管理艺术[M].哈尔滨：黑龙江人民出版社，2019.

[12]王文兵，覃云.高校图书馆工具书管理与服务研究[M].武汉：湖北科学技术出版社，2013.

[13]王筱娟，李佳，孟凡美.新形势下高校图书馆管理与创新研究[M].北京：光明日报出版社，2017.

[14]王印成，包华，孟文辉.高校图书馆信息管理与资源建设[M].北京：经济日报出版社，2018.

[15]吴保民.高校数字图书馆管理与服务创新研究[M].徐州：中国矿业大学出版社，2007.

[16]夏春红，于刚，印重.现代图书馆资源管理与推广服务[M].北京：北京理工大学出版社，2017.

[17]朱丹君.高校图书馆管理与阅读服务模式创新[M].沈阳：辽海出版社，2019.

[18]许雅涵.高校图书馆管理理论与实践[M].北京：光明日报出版社，2016.

[19]严潮斌，李泰峰.高校图书馆资源与服务体系建设研究[M].北京：北京邮电大学出版社，2015.

[20]杨萍萍.高校图书馆区域信息资源共享系统管理评估研究[M].南京：南京农业大学出版社，2008.

[21]杨启秀.高校图书馆管理与服务创新研究[M].北京：国家行政学院出版社，2018.

[22]殷婷婷.高校图书馆管理与学科服务[M].北京：中国国际广播出版社，2018.

[23]赵新华.高校图书馆数字化管理研究[M].北京：中国发展出版社，2019.

[24]钟惠美，孙宁，糜涛.高校图书馆管理创新研究[M].郑州：郑州大学出版社，2019.

[25]周甜甜.高校图书馆管理与读者服务研究[M].延吉：延边大学出版社，2019.